Championnes !

90 sportives exceptionnelles

Retrouvez-nous sur :
editionsdelamartiniere.fr
Fb : @editionsdelamartiniere.arts
Ig : @lamartiniere.arts

Championnes !

90 sportives exceptionnelles

Textes **Laurie Delhostal** et **Cécile Grès**

Illustrations **Louison** • Préface **Nathalie Péchalat**

Éditions de La Martinière

Préface

J'appartiens à une discipline de couple, la danse sur glace, qui met la féminité en avant et dans laquelle il y a autant de participants que de participantes dans toutes les grandes compétitions internationales. Je n'ai donc jamais eu conscience, même petite, qu'il y avait une différence d'appréciation de la performance entre hommes et femmes, comme cela a dû être le cas pour de très nombreux sports, notamment collectifs. J'admirais aussi bien les garçons que les filles. C'est ma chance.
Puis j'ai découvert qu'existait une culture sous-entendant que « la performance appartiendrait aux hommes et le développement ou le sport loisir aux femmes ». Il m'a fallu du temps pour comprendre que le monde que je voyais depuis toujours, qui reposait, à mes yeux, sur des critères de compétence et de respect des règles, ne correspondait pas forcément à la réalité. Ça n'est pas forcément mal intentionné d'ailleurs, c'est surtout par automatisme, par culture, c'est systémique.

Une fois élue à la Fédération française des sports de glace, je ne comprenais pas que l'on mette en avant le fait que j'en étais la première présidente : je suis une athlète de haut niveau avant tout. Je n'avais pas conscience qu'atteindre cette position, en tant que femme, était un exploit dans la société actuelle.
Je ne fais pas de différence basée sur le genre, la taille, la couleur de peau ou les orientations sexuelles. J'aime que l'on utilise des critères tangibles liés aux actions, au système de valeurs, à la compétence ou à l'expérience. Loin de moi l'idée de vouloir respecter des quotas ou de faire de la discrimination positive : pour pourvoir les postes à responsabilités de la Fédération, j'ai priorisé les savoir-faire, les savoir-être, la disponibilité, l'engagement… et il s'est avéré que pour les quatre postes clés, les meilleurs candidats… étaient des femmes.
Une fois la restructuration terminée, j'ai réalisé que notre Fédération était à part : dans le bureau exécutif et au conseil fédéral, la parité était presque parfaite, sans qu'on l'ait imposée. Cela nous a apporté une grande richesse, comme c'est d'ailleurs le cas dans les entreprises : dès que l'on a des conseils d'administration mixtes et des collègues « différents » (âge, genre, passif…) qui travaillent ensemble, des avancées naissent et des réussites émergent. Pourtant, cela ne devrait pas être une exception. Pour rappel : les femmes ne représentent pas une minorité mais bien la moitié de la population !

C'est pourquoi les pionnières présentées dans ce livre sont si importantes : il faut des sportives motivées pour montrer l'exemple, ouvrir la voie, donner envie aux actuelles et prochaines générations de prendre la relève, démontrer à toutes et à tous que c'est possible. Que ce ne soit plus une chose incroyable de retrouver des femmes performantes, courageuses, combatives sur le terrain et en dehors. À titre personnel, je trouve très inspirantes des sportives comme Marie-Amélie Le Fur, Astrid Guyart, Sarah Ourahmoune, Justine Dupont, Tess Ledeux, Dorine Bourneton, Manon Fiorot ou encore Gabriella Papadakis, qui est très ancrée dans son époque et consciente du tournant que l'on vit alors qu'elle est encore en compétition.
J'aime les femmes qui s'engagent, quand on sait comme il est difficile de mener de front une vie familiale, une vie professionnelle et une vie associative… et qui s'engagent pour les bonnes raisons ! Par passion, par dévotion, parce qu'elles ont véritablement quelque chose à apporter : une vision et beaucoup d'énergie ! C'est ce qu'ont forcément les sportives de haut niveau par leur parcours : elles ont emmagasiné un maximum d'expériences – de leurs débuts à leurs victoires, elles ont une telle connaissance des pratiques, traversé des périodes obscures et d'autres plus lumineuses –, la réalité du terrain n'est pas tronquée, elle est totale. Quelle chance de capitaliser sur ces expertises, de s'en servir pour faire évoluer le système !

On peut se réjouir que Paris 2024 permette de belles avancées avec son programme de parité : avoir deux porte-drapeau (féminin et masculin), compter exactement le même nombre d'athlètes sur le terrain sportif… Ça semble tellement juste. La prochaine étape sera l'accession des femmes à des postes à hautes responsabilités très souvent réservés aux hommes. Pas parce qu'elles sont femmes, mais parce qu'elles en ont la capacité et la volonté. Le féminisme, c'est se battre pour que l'on nous octroie les mêmes possibilités, les mêmes opportunités que les hommes, à compétences égales. Nous aussi nous aimons la prise de risque, la prise de décision, les enjeux et les défis.

Et si vous n'êtes pas convaincu(e)… vous le découvrirez à travers ces portraits de femmes exceptionnelles, ces premières de cordée.

Nathalie Péchalat

Sommaire

Introduction

Pour beaucoup, le baron Pierre de Coubertin incarne l'esprit olympique, le *fair-play* sportif et le dépassement de soi ultime. *Civis, altius, fortius*, « Plus vite, plus haut, plus fort », était sa devise. Par son engagement, le sport a pris une dimension immense, populaire et internationale – c'est indéniable.

Ce que l'on connaît moins, c'est la face plus sombre de son discours, celle qui a mis les femmes à l'écart de l'olympisme pendant des années. Pour lui, les Jeux sont « l'exaltation solennelle et périodique de l'athlétisme mâle avec l'internationalisme pour base, la loyauté pour moyen, l'art pour cadre et l'applaudissement féminin pour récompense ».

Sa résistance farouche à leur participation aux Jeux olympiques témoigne d'une époque où ces raisonnements étaient la norme, d'un temps où l'on considérait la pratique du sport par les femmes comme contre-nature et dangereuse : cela pouvait entraîner des conséquences dramatiques sur leurs fonctions reproductrices, entre autres inquiétudes totalement infondées.

Malheureusement, le début du XXe siècle n'a le monopole ni du paternalisme, ni de la misogynie. Ainsi, autour des sportives, tout le système reste très ancré dans une réalité encore inégale. On fait du sport une affaire d'hommes. Marc Madiot, célèbre patron de l'équipe cycliste FDJ, estimait en 1987 qu'« une femme sur un vélo, c'est moche », avant d'exprimer son *mea culpa* quelques années plus tard. En 2009, David Douillet déclarait : « Pour moi, une femme qui se bat au judo ou dans une autre discipline, ce n'est pas quelque chose de naturel, de valorisant. Pour l'équilibre des enfants, je pense que la femme est mieux au foyer. »

En 2013, Bernard Lacombe, ancien international de football, tançait une auditrice sur RMC, l'informant qu'il ne discutait pas football avec les femmes et concluant d'un « qu'elles retournent à leurs casseroles ». Et il y a quelques mois, Vincent Moscato se vantait d'aimer être « entre mecs » et louait « l'esprit régiment » autour de sa célèbre émission de radio. La liste est si longue !

Chaque époque a donc livré son lot de combats indispensables, menés par des figures puissantes animées par la volonté de préparer le terrain pour les suivantes. Encore récemment, les joueuses de beach-volley ont dû se battre pour ne plus jouer en bikini, tenue imposée par la Fédération internationale. L'équipe de football féminine espagnole s'est mise en grève après que le président de leur Fédération a embrassé de force l'une d'elles pendant les célébrations du titre mondial.

En outre, la Fédération américaine de gymnastique a été secouée par l'immense scandale des agressions sexuelles en série d'un de ses entraîneurs, qui a fait plus de 250 victimes pendant des années. Le monde de la voile est en plein #MeToo après des décennies de principes sexistes. Les joueuses de tennis luttent encore pour obtenir les mêmes primes de victoire que leurs collègues masculins. En rugby féminin, la professionnalisation s'intensifie avec des entraînements en journée, comme les garçons, et plus seulement le soir, quand les infrastructures se vident. Plus largement, les questions autour des cycles menstruels et de la maternité trouvent enfin quelques échos dans des discussions encore trop rares.

Grâce à des pionnières, courageuses et déterminées, le monde du sport avance peu à peu vers un certain nombre de progrès – hélas, trop lentement.

C'est pourquoi nous avons plutôt choisi de vous raconter le destin de 90 championnes ayant été les « premières » dans leur domaine. Les premières à réaliser des exploits comme traverser la Manche, remporter six titres olympiques, participer à un marathon, sauter à la perche à plus de 5 mètres de hauteur, enchaîner 56 victoires d'affilée en lancer de poids, franchir le cap Horn ou, tout simplement, réussir à pratiquer leur sport de prédilection…

En effet, pour beaucoup d'entre elles, ces histoires sont celles d'empêchements. Ces championnes ont eu à affronter des préjugés, des discriminations, des règles injustes qui les privaient de s'adonner à leur passion. Après avoir pris part à un premier Grand Prix moto, la Britannique Beryl Swain s'est vue interdite définitivement de recommencer un tel exploit : on avait tout simplement changé les principes de l'obtention de la licence pour ne plus voir de femmes prendre le départ d'une épreuve. Quant à l'Irlandaise Katie Taylor, elle a bataillé pendant des années pour que le Comité international olympique (CIO) accepte d'organiser des épreuves féminines de boxe. Si, en 1928, le CIO les autorise à concourir sur 800 mètres en athlétisme, la domination de Lina Radke pendant cette course met les organisateurs tellement mal à l'aise qu'ils l'interdiront de nouveau aux femmes pendant trente-deux ans. Ou encore : si le judo féminin est olympique depuis 1988, c'est grâce à Rena Kanokogi, menaçant de porter plainte contre tous ceux qui refuseraient aux femmes l'accès aux compétitions officielles.

Par ailleurs, certaines cumulent les discriminations, quand elles sont sportives, noires et pauvres, comme l'Américaine Althea Gibson. Leurs destins n'en sont que plus passionnants.

Comme ces exemples l'illustrent, il ne s'agit pas d'une (mauvaise) habitude française, mais bien d'un passif international. C'est pour cette raison que nous avons choisi d'évoquer des sportives venues de pays aussi divers que les États-Unis – puisque le pays a vu émerger de nombreux sports et d'extraordinaires championnes engagées –, le Japon – qui compte dans ses rangs la première femme à avoir réussi à gravir l'Everest –, et évidemment la France – où ont été organisés les premiers Jeux olympiques féminins, en 1922, grâce à une certaine Alice Milliat qui s'est battue pour mettre le projet sur pied. L'histoire de cette sportive nantaise dit beaucoup des combats qu'ont dû mener les femmes pour pouvoir pratiquer le sport en compétition ; toutefois, ces récits ont vite été jetés aux oubliettes. Ce sont ici 90 femmes inspirantes, pour la plupart rendues invisibles, que vous allez découvrir.

Il nous a paru d'autant plus nécessaire de raconter la vie de celles qui ont ouvert la voie dans le sport que nous-mêmes, journalistes dans ce domaine depuis des années, ne les connaissions pas ! Nous nous sentons pourtant forcément liées à elles : passion du sport oblige, mais aussi car nous sommes également discriminées et minorisées dans le bastion masculin que représente ce milieu. Les instances dirigeantes doivent évoluer pour que l'égalité femmes-hommes progresse encore.

En 2024, les Jeux olympiques seront paritaires, pour la première fois de l'histoire. 5 250 hommes et 5 250 femmes participeront aux épreuves parisiennes. En 1896, lors des premiers Jeux de l'ère moderne, il n'y en avait… aucune. Il aura fallu plus de cent ans pour qu'une juste représentation des femmes soit effective, qu'elles soient considérées et respectées, comme des sportives professionnelles. Une évolution encore en cours, nécessaire, portée par les sportives elles-mêmes, comme Megan Rapinoe et les footballeuses de l'équipe nationale américaine qui ont obtenu l'égalité salariale avec leurs compatriotes masculins après des années de lutte judiciaire, ou comme Simone Biles, prenant la parole publiquement pour révéler les violences sexuelles au sein de sa Fédération. Allyson Felix a, quant à elle, dénoncé son équipementier, qui avait voulu lui couper les vivres suite à son accouchement.

Si le sport est souvent perçu comme un hobby populaire consommé sans grande réflexion, il est pourtant bien plus que ça. Il accompagne chaque époque dans ce qu'elle propose de progrès indispensables au bien-être de la société, il subit chaque guerre, chaque pandémie, chaque évolution géopolitique, chaque nouvelle norme, chaque mode. La place des femmes dans cet univers majoritairement dirigé par des hommes équivaut, finalement, à leur place dans la société.

Les combats des sportives résonnent avec ceux des femmes du monde entier : gagner le même salaire, avoir les mêmes primes, évoluer de la même manière, pourvoir les mêmes postes à responsabilités, avoir accès aux mêmes droits, au même respect et à la même considération, ne pas être agressée sexuellement, avoir un enfant sans affecter sa carrière, faire comprendre que les règles peuvent être un frein terrible une fois par mois…

Aujourd'hui, sept ans après la vague #MeToo, le féminisme prend une dimension enfin totale, les paroles se libèrent, les femmes parlent. C'est beau, c'est courageux, c'est admirable. Mais qui les écoute ?

Il y a encore tant de domaines qu'elles n'ont pas défrichés, ou peu : elles sont des raretés aux postes d'entraîneuse, d'arbitre et de dirigeante. Dès 396 avant J.-C., pourtant, la princesse de Sparte Cynisca fut la première à élever des chevaux et à remporter une victoire aux Jeux olympiques antiques, comme entraîneuse. En 1881, Florence Dixie est la première femme présidente d'un club de football. Pourtant, de nos jours, des femmes comme Amélie Mauresmo, actuelle directrice du tournoi Roland-Garros et ancienne coach de l'ex-numéro un mondial Andy Murray, font figures d'exception. En France, deux femmes seulement occupent les fonctions de présidente de fédération : Isabelle Juin, à la Fédération de hockey, et Gwenaëlle Noury, à la Fédération des sports de glace.

L'évolution passe notamment par la loi, depuis 2014, avec la mise en place d'une politique de quotas qui oblige toute fédération enregistrant plus de 40 % de licenciés à faire siéger un minimum de 40 % de femmes au conseil d'administration, et un minimum de 25 % lorsqu'il y a moins de licenciés. Depuis le 24 février 2022, la loi sport exige la parité à l'échelle des fédérations sportives dès 2024, des régions dès 2028. Dans le journalisme sportif, pour l'ensemble des rédactions françaises, on compte seulement entre 10 et 15 % de femmes.

Dans une volonté de représentation féminine, ce livre a été réalisé par deux autrices, une illustratrice, deux éditrices, une correctrice, une maquettiste et deux fabricantes. Nous espérons que vous éprouverez autant de plaisir à le lire que nous en avons pris à l'écrire et à l'illustrer.

Laurie, Cécile et Louise

Un parcours de combattante !

Margaret Abbott

AMÉRICAINE – **1878** (CALCUTTA, INDE) - **1955** (GREENWICH)

Première championne olympique américaine… sans le savoir

L'histoire de Margaret Abbott est tout simplement incroyable : celle d'une championne olympique qui n'a jamais su qu'elle l'était… Il faut dire qu'aux Jeux olympiques de 1900, à Paris, on ne donne pas encore de médailles – elles arriveront lors des Jeux suivants – et que l'épreuve s'étale sur six mois. Pas très facile à suivre ! Il s'agit de la deuxième édition seulement des JO de l'ère moderne, et les femmes y sont autorisées pour la première fois ; elles sont 22 – soit 2 % des athlètes en lice – à prendre part à cinq épreuves : la voile, l'équitation et le croquet en épreuve mixte, le tennis et le golf en non mixte. Clin d'œil de l'histoire : c'est à Paris également, en 2024, lors des premiers Jeux paritaires, que les femmes seront autant que les hommes à concourir.

Parmi les pionnières du siècle dernier se trouve une jeune étudiante américaine, Margaret Abbott, née en Inde en 1878. Alors qu'elle grandit aux États-Unis, où le golf est très populaire dans les couches les plus aisées de la population, elle fait ses débuts au Chicago Golf Club aux côtés des hommes – auprès de qui, grâce à ses performances, elle se taille rapidement une belle réputation –, ainsi que de sa mère, Mary Abbott. Écrivaine et journaliste, Mary emmène sa fille s'installer à Paris en 1899. Margaret y étudie l'art (notamment avec le célèbre sculpteur Auguste Rodin !) et les deux femmes continuent à jouer au golf.

En 1900, elles disputent le tournoi international de Compiègne, à 80 kilomètres de Paris. Les Jeux olympiques étant organisés sur une très longue période pour coïncider avec l'exposition universelle qui présente des exhibitions sportives, il y a parfois confusion sur le programme officiel des épreuves. Résultat : Margaret et Mary ne savent même pas qu'elles disputent la première épreuve féminine olympique de golf. Margaret entre dans l'histoire en s'imposant devant deux de ses compatriotes, tandis que Mary termine septième. Elles l'ignoreront toute leur vie ! C'est seulement des décennies plus tard que les enfants de la championne découvriront sa victoire grâce au travail de recherche de l'universitaire Paula Welch. L'un des fils de Margaret, Philip, déclare en 1984 : « Ce n'est pas tous les jours que l'on apprend que sa mère est championne olympique, quatre-vingts ans après les faits. » Margaret Abbott est la première et, on l'espère, la dernière athlète à être sacrée championne olympique sans le savoir !

« Ce n'est pas tous les jours que l'on apprend que sa mère est championne olympique, quatre-vingts ans après les faits. »

Valerie Adams

NÉO-ZÉLANDAISE – NÉE EN **1984** (ROTORUA)

Première athlète néo-zélandaise à décrocher un titre olympique

Une médaille d'or aux Jeux olympiques de Pékin en 2008, une à ceux de Londres. L'argent à Rio puis le bronze à Tokyo en 2021. Huit titres de championne du monde, quatre Ligues de diamant, et une période, entre 2010 et 2015, où elle est restée totalement invaincue en remportant 56 compétitions internationales d'affilée. Valerie Adams est une légende du lancer de poids.

La Néo-Zélandaise d'origine tongienne a d'abord souffert de son physique incroyable. À 12 ans, elle mesure déjà 30 centimètres de plus que ses camarades. Timide, elle baisse la tête pour se faire plus petite. À l'école, un professeur de sport lui suggère d'essayer le lancer de poids, car elle possède le physique idéal et une puissance exceptionnelle. Pourquoi pas ?

Première compétition : elle arrive pieds nus et bat le record de sa catégorie. L'audience demeure bouche bée. Un silence saisit la coursive du stade. Cette adolescente est une pépite ! Il faut se dépêcher de lui acheter des chaussures dignes de ce nom et de l'inscrire aux compétitions internationales.

Quelques mois après avoir participé à ses premiers Championnats du monde, elle perd sa mère, emportée par un cancer. Son beau-père, peu intéressé par son éducation, la met à la porte : Valerie se retrouve à la rue à 16 ans. Son entraîneuse l'accueille chez elle et l'aide à faire son deuil grâce au sport. L'entraînement comme exutoire paie.

L'année suivante, elle est championne du monde des cadets. C'est le début d'une longue, très longue liste de titres et de consécrations. Elle devient une référence du lancer de poids et on se déplace pour la voir. En Nouvelle-Zélande, elle est accueillie en héroïne à chaque retour de grande compétition. Il faut dire que c'est la première Néo-Zélandaise à gagner un titre olympique en athlétisme, hommes et femmes confondus : c'était à Pékin, en 2008. Entre 2010 et 2015, personne n'arrive à la battre ; elle enchaîne les fameuses 56 victoires. En 2014, elle est sacrée athlète féminine de l'année.

En mars 2022, elle annonce qu'elle met un terme à sa carrière aussi grande qu'elle (1,93 mètre) : son corps ne suit plus. Le monde du sport la salue. Car en plus d'être une incroyable athlète, Valerie Adams a touché le public par l'histoire de sa vie. Victime d'un premier mari violent, elle connaît une belle histoire d'amour pendant près de dix ans avec son ami d'enfance, Gabriel. Ensemble, et malgré la sévère endométriose diagnostiquée à Valerie, ils réussissent à avoir deux enfants, à la santé fragile – son fils souffre d'un diabète et sa fille est autiste.

Déjà force de la nature, Valerie Adams puise sa puissance de femme dans les difficultés que la vie lui a réservées. Son abnégation fait d'elle une icône nationale et un exemple de résilience.

À l'école, un professeur de sport lui suggère d'essayer le lancer de poids, car elle possède le physique idéal et une puissance exceptionnelle.

À côté de moi, le haka c'est la macarena !

Jeu de mains, jeu pas vilain !

Anja Andersen

DANOISE — NÉE EN **1969** (ODENSE)

Première rebelle du handball

Voici une championne restée dans l'histoire du handball, non seulement pour ses performances sur le terrain mais aussi pour ses doigts d'honneur ! Anja Andersen n'hésite jamais à s'exprimer, parfois à travers des gestes insultants. Surtout, elle est considérée comme l'une des meilleures joueuses de l'histoire et une pionnière du handball moderne, avec un jeu rapide, très créatif, constitué de gestes inédits. Joueuse hors pair, la Danoise a réussi, grâce à son charisme et son inventivité, à rendre son sport plus attractif sur la scène mondiale.

Anja Andersen a tout gagné en club avant de faire partie de la meilleure équipe nationale des années 1990, auréolée de deux titres européens en 1994 et 1996, d'un titre mondial en 1997 et – le graal – d'un titre olympique lors des Jeux d'Atlanta, en 1996. Andersen est l'une des principales actrices de ces succès à répétition.

Deuxième en 1994 et 1996, elle est d'ailleurs élue meilleure joueuse du monde en 1997. Elle a joué 133 matchs pour l'équipe nationale danoise et a marqué 725 buts. En club, elle a été plusieurs fois championne de Norvège – avec le club d'Oslo, le Bækkelagets SK – et d'Allemagne – avec le TuS Walle Brême –, ainsi que triple championne d'Europe, avec ces deux mêmes équipes.

Tout cela malgré les nombreuses expulsions que lui a values son tempérament coléreux et, donc, ses doigts d'honneur sur le terrain. Lors des Jeux d'Atlanta, elle est exclue de l'équipe après une grosse mésentente avec son entraîneur. Devenue coach après la fin de sa première carrière sportive, en 1999 – une fin prématurée due à des problèmes cardiaques –, elle continue de se faire remarquer non seulement par ses colères légendaires sur le banc, mais aussi, de nouveau, par son palmarès : sous sa houlette, le club du Slagelse DT accède à l'élite danoise, décroche trois titres nationaux en 2003, 2005 et 2007 et trois titres de Ligue des champions en quatre ans, ce qui en fait le plus grand club d'Europe de handball féminin.

Partie rejoindre en 2008 le FCK Håndbold, un autre club danois situé à Copenhague, Anja Andersen y gagne la Coupe des vainqueurs de coupe. Entraîneuse à succès, elle représente aujourd'hui un modèle pour les jeunes filles qui pratiquent le handball. Les doigts d'honneur mis de côté.

> ***« Joueuse hors pair, la Danoise a réussi, grâce à son charisme et son inventivité, à rendre son sport plus attractif sur la scène mondiale.***

Louise Armaindo

CANADIENNE — **1861** (SAINTE-ANNE-DE-BELLEVUE) - **1900** (MONTRÉAL)

Première « championne du monde » de cyclisme

Il a fallu attendre 2022, après une expérience unique en 1955 et six éditions dans les années 1980, pour que les femmes aient elles aussi, pour de bon, leur Tour de France ! L'histoire du cyclisme au féminin est pourtant née il y a bien longtemps, et on en connaît même la mère : une certaine Louise Armaindo.

C'est en tout cas comme cela que se faisait appeler la première grande championne cycliste, née au milieu du XIXe siècle dans un petit village près de Montréal, au Canada, sous le nom de Louise – ou Louisa, selon les sources – Brisebois. Rien de bien certain sur sa naissance et son enfance, mais elle aurait suivi la carrière de sa mère, qui se produisait dans un cirque comme « femme forte » et trapéziste ; la légende raconte qu'elle pouvait soulever deux hommes accrochés à un harnais… avec ses dents !

Louise pratique la marche d'endurance – de longues courses très populaires à l'époque, objets de paris sportifs –, entraînée par celui qui deviendra son mari. Mais dans le même temps, le cyclisme se développe, notamment le grand bi, cette bicyclette dotée d'une roue avant beaucoup plus grande que la roue arrière. On l'a compris : Louise Armaindo n'a pas froid aux yeux et elle aime la compétition, quels que soient ses adversaires, femmes ou hommes ! Les Championnats du monde féminins n'existent pas encore, mais en 1882 elle est désignée comme « *the world champion female cyclist of her time* » après avoir battu une certaine Elsa von Blumen à Ridgeway Park, à Philadelphie. Les femmes sont de plus en plus nombreuses à concourir et elle les surpasse toutes, en salle ou à l'extérieur. En 1883, elle domine même deux adversaires masculins, William J. Morgan et William M. Woodside, lors d'une course de 72 heures où elle établit un record de distance en parcourant 1 357 kilomètres – soit une moyenne de 19 kilomètres par heure… La jeune femme pratique aussi le tandem : accompagnée d'un coéquipier, elle bat le record de distance couverte en 24 heures, soit 250 miles (402 kilomètres), ainsi que le record de rapidité pour 100 miles (160 kilomètres), parcourus en 7 heures et 57 minutes.

Après avoir été inarrêtable pendant une petite dizaine d'années, sa domination s'essouffle et elle met un terme à sa carrière en 1893 ; elle devient alors serveuse dans un restaurant de Minneapolis. Louise mourra en 1900, sans que l'on ait un jour cessé de la surnommer « mère du cyclisme » !

En 1883, elle domine lors d'une course de 72 heures où elle établit un record de distance en parcourant 1 357 kilomètres – soit une moyenne de 19 kilomètres par heure…

Vivement l'invention des pistes cyclables !

Heureuse qui, comme Florence, a fait un long voyage...

Florence Arthaud

FRANÇAISE — **1957** (BOULOGNE-BILLANCOURT) - **2015** (VILLA CASTELLI)

Première femme à remporter la Route du Rhum

On l'appelait « la petite fiancée de l'Atlantique ». Sous ses longs cheveux châtains et bouclés, aux reflets blonds révélés par le soleil, Florence Arthaud a toujours eu, quand elle se tenait debout sur son bateau, un regard profondément déterminé.

Sa vie n'est qu'aventures. Elle commence à naviguer dans les années 1970 lorsque, adolescente, elle suit son père et son frère dans le bleu de la mer Méditerranée, près d'Antibes. Mais à 17 ans, après un grave accident de voiture, elle se retrouve paralysée et dans le coma. Il lui faut six mois pour quitter l'hôpital, deux ans pour récupérer totalement. Pendant toute sa convalescence, elle s'imagine sur un bateau affronter un océan sans pitié, mais qui lui apporte liberté et bonheur.

Quatre ans plus tard, en 1978, à la première Route du Rhum, Florence prend le départ. Elle termine à la onzième place et marque les esprits du monde voileux. Elle continue de parcourir la mer inexorablement, émerveillant à chaque fois le public par son talent brut et sa forte personnalité. C'est lors de l'édition 1990 de la Route du Rhum que Florence Arthaud écrit l'histoire : en 14 jours et 10 heures, elle finit première et bat le record de la traversée Saint-Malo - Pointe-à-Pitre. Elle est la seule femme à avoir gagné cette course.

Très vite, la navigatrice porte la voix des femmes. Elle dénonce, par exemple, le fait que les hommes circulent où ils veulent en mer alors qu'elles doivent suivre des sentiers balisés. En 2010, quand elle envisage de participer de nouveau à la Route du Rhum, son bateau est confié par son sponsor à un homme : « Les mentalités n'ont pas évolué, ça m'a dégoûtée », lâche-t-elle, légitimement amère.

En 2011, Florence Arthaud barre l'un des deux bateaux du projet « La croisière des guerrières », qui emmène treize adolescentes anorexiques, pendant trois jours, au large de la Côte d'Azur. Elle organise aussi la course « Les voiles de la liberté », aux équipages exclusivement composés de femmes du Maghreb.

En 2015 doit avoir lieu le projet de sa vie, « L'odyssée des femmes », une course 100 % féminine. Marseille est choisie comme ville de départ. L'organisation est en train d'aboutir quand, le 9 mars 2015, une rumeur arrive d'Argentine ; un hélicoptère s'est écrasé dans la province de Rioja ; on parle d'une dizaine de morts, dont des Français. Puis l'information se dessine au fil des heures. Cet accident a eu lieu en plein tournage d'une nouvelle émission d'aventures faisant appel à d'anciens sportifs. La nageuse Camille Muffat, le boxeur Alexis Vastine et la navigatrice Florence Arthaud sont décédés ; ils avaient respectivement 25, 28 et 57 ans.

Le 28 avril, après un hommage national, une cérémonie plus intime est organisée en mer, au large de Cannes. Les cendres de Florence Arthaud sont ensuite déposées dans la tombe de son frère Jean-Marie et de son père Jacques. C'est avec eux qu'elle est partie en mer pour la première fois, avec eux qu'elle a navigué des heures et des heures sur la magnifique Méditerranée.

> *Elle dénonce le fait que les hommes circulent où ils veulent en mer alors que les femmes doivent suivre des sentiers balisés.*

Isabelle Autissier

FRANÇAISE – NÉE EN **1956** (PARIS)

Première femme à réaliser un tour du monde à la voile en solitaire

C'est sur les sublimes côtes de Bretagne qu'Isabelle Autissier fait ses premières sorties en mer, à 6 ans. Avec ses parents et ses quatre sœurs, elle découvre, en tribu, les sensations envoûtantes que provoque l'océan. Peu importe qu'elle vienne de banlieue parisienne : la petite Isabelle ressent très vite un sentiment d'appartenance à l'univers maritime. Six femmes et un père sur un petit bateau à cabine qui sillonne le large des Côtes-d'Armor, la Manche… des souvenirs de liberté intense !

Douze ans plus tard, on retrouve Isabelle Autissier sur les bancs de l'institut Agro de Rennes. Sur les 80 élèves de sa promotion, elles ne sont que cinq étudiantes. Dans une interview au *Monde*, elle raconte : « Au discours de rentrée, le directeur s'étonnait de voir dans les rangs des élèves un certain nombre de jeunes filles qui, donc, risquaient de prendre la place des garçons, alors que leur destin logique était de "s'évaporer dans le mariage". » Ces mots ne la touchent pas. La future navigatrice l'a compris : dans ce milieu majoritairement masculin, la misogynie est presque une norme.

Une fois son diplôme d'ingénieur en poche, elle fait de la recherche à Concarneau et à Lorient puis part à La Rochelle enseigner à l'École maritime et aquacole. C'est sur le port charentais qu'elle construit son premier bateau, appelé *Parole*. Elle partage sa vie entre ses activités de professeure et ses courses en mer. À 34 ans, elle décide de se consacrer à la navigation. Au creux de ses rêves : le tour du monde en solitaire. Seule, elle se sent plus libre. À l'époque, elle déclare qu'il est plus facile pour une femme d'être unique pilote plutôt qu'au cœur d'un équipage masculin : la confiance ne règne pas et l'intégration est trop ardue. Son tour du monde, elle ne veut le devoir qu'à elle-même.

Le 15 septembre 1990, à Newport, sur la côte est des États-Unis, les skippeurs prennent le départ du BOC Challenge. 139 jours plus tard, Isabelle Autissier termine septième de la course et devient la première femme à réussir un tour du monde à la voile en solitaire. Cette victoire la conforte dans l'idée qu'elle doit encore plus s'impliquer dans les compétitions… jusqu'à cet accident, en 1999. Lors du BOC Challenge, cette année-là, son bateau se retourne et elle est sauvée par un concurrent. Cet épisode la convainc d'arrêter les courses en solitaire : désormais, elle ne navigue plus qu'en équipage.

Isabelle Autissier est aussi une écrivaine à la bibliographie magnifique. Depuis 2006, elle a publié dix romans et reçu de nombreux prix, dont le Femina en 2019 pour *Oublier Klara*.

Grâce à elle, les femmes ont leur place dans le monde de la voile – même si, hélas, des barrières demeurent. En franchissant chaque limite qu'on a tenté de lui imposer, Isabelle Autissier est la preuve que la mer n'appartient à personne en particulier, et certainement pas au sexe masculin.

> *Il est plus facile pour une femme d'être unique pilote plutôt qu'au cœur d'un équipage masculin : la confiance ne règne pas et l'intégration est trop ardue.*

Je tiens bon la vague et je tiens bon le vent !

L'égalité des sexes
sens dessus dessous !

B-Girl Ami

JAPONAISE – NÉE EN **1998** (SAITAMA)

Première championne du monde de breakdance

Son nom est Yuasa Ami, mais appelez-la B-Girl Ami ! « B-girl » comme le surnom que l'on donne aux danseuses de breakdance, ce style de danse sportif et acrobatique né à New York dans les années 1970 : en effet, elle en est la première grande star féminine, victorieuse du titre du premier championnat BC One ouvert aux femmes, la plus prestigieuse distinction de cette toute nouvelle discipline qui devient olympique en 2024, à Paris.

C'est à l'âge de 6 ans que la Japonaise, née en 1998, commence à danser sur de la musique hip-hop. Puis, à 11 ans, elle découvre le break et décide immédiatement qu'elle s'imposera dans ce sport aux mouvements si compliqués à réaliser. Une passion tout de suite dévorante, qui la pousse à s'entraîner inlassablement pour réussir ses figures. La première d'entre elles est aussi difficile que son nom le suggère : le « moulin à vent » ! On laisse le lecteur imaginer… Cela consiste globalement à faire tourner son corps tout en gardant un appui au sol. Ami a du talent, énormément, et consent à beaucoup de sacrifices pour progresser : afin d'être capable de se frotter aux meilleurs, elle s'entraîne avec un groupe de danseurs à deux heures de chez elle, couvée par sa mère, qui l'emmène tous les jours et qui ne dort pas beaucoup pendant toutes ces années d'apprentissage, confiera la jeune fille, entre son métier et les allers-retours…

Le travail paie : celle qui a pris pour nom de scène « B-Girl Ami » devient célèbre en 2018 en étant la première femme à remporter le fameux BC One, qui réunit chaque année les meilleurs breakers de la planète et s'ouvre enfin à une finale féminine. L'année suivante, elle décroche le premier titre officiel de championne du monde de l'histoire et vise désormais la médaille olympique de breakdance, en août 2024, place de la Concorde à Paris. Sport inédit aux Jeux, le breakdance comportera deux épreuves : une masculine et une féminine. Seize *b-boys* et seize *b-girls* (JO paritaires obligent !) s'affronteront dans des *battles*, ou duels. Le comptage des points se fera sur la musicalité, le style et l'inventivité des danseurs. Bientôt un nouveau triomphe pour B-Girl Ami ?

Celle qui a pris pour nom de scène « B-Girl Ami » devient célèbre en 2018 en étant la première femme à remporter le fameux BC One, qui réunit chaque année les meilleurs breakers de la planète.

Simone Biles

AMÉRICAINE – NÉE EN **1997** (COLOMBUS)

Gymnaste la plus médaillée de l'histoire

Simone Biles n'a pas fini d'écrire sa légende, mais elle est déjà une immense gymnaste. Même si elle mesure seulement 1,42 mètre…

L'Américaine a vécu nombre de difficultés, à commencer par une enfance ballottée entre des parents négligents et des allers-retours en famille d'accueil. C'est finalement son grand-père maternel texan qui les adopte, elle et sa petite sœur. À 6 ans, elle découvre la gymnastique durant une sortie scolaire, dans un club de Houston, et montre tout de suite de grandes prédispositions physiques et mentales. Les succès dans les compétitions juniors régionales, puis nationales, arrivent rapidement ; dès ses 12 ans, Simone Biles s'entraîne intensivement, près de trente heures par semaine. À 16 ans, en 2013, elle passe dans la catégorie seniors et participe à ses premières grandes compétitions : elle gagne son premier titre de championne des États-Unis puis, aux Championnats du monde, décroche deux médailles d'or, au concours général et au sol, une d'argent au saut et une de bronze à la poutre. Des débuts tonitruants !

Après quatre médailles d'or en 2014, elle devient, en 2015, la première gymnaste féminine à remporter trois fois d'affilée le titre de championne du monde au concours général. Sa marque de fabrique : l'extrême difficulté des exercices et des mouvements inédits, qui prennent son nom. Sa renommée dépasse les frontières quand, en 2016, elle gagne quatre titres olympiques aux Jeux de Rio. À 19 ans seulement, elle prend une année sabbatique et révèle avoir été abusée sexuellement par Larry Nassar, l'ancien médecin emblématique de l'équipe américaine, condamné à une peine de prison à vie pour des agressions sexuelles sur au moins 265 gymnastes – pour la plupart mineures. Le témoignage de Simone, en pleurs devant le Congrès des États-Unis lors d'une commission d'enquête, marque les esprits : « Je rends responsable un système entier qui a permis et perpétré ces abus. Nous souffrons et continuons de souffrir parce que personne n'a fait ce qu'il fallait pour nous protéger. »

Simone Biles est aussi une pionnière de la prise en compte de l'état psychologique des athlètes. En 2021, elle aborde les Jeux de Tokyo en immense star, invaincue depuis 2013 aux Championnats américains, aux Mondiaux et aux Jeux olympiques. La pression est immense ; la leader de l'équipe américaine abandonne pour « se concentrer sur sa santé mentale ». Elle confie être victime de « pertes de figure », qui font perdre à l'athlète tous ses repères dans les airs, lors des vrilles par exemple. Après avoir déclaré forfait pour toutes les finales, elle participe au concours de la poutre ; même si elle se contente du bronze, son courage est unanimement salué.

À l'été 2023, après deux ans d'arrêt, la gymnaste la plus médaillée de l'histoire annonce son grand retour avec, en ligne de mire, les Jeux olympiques et paralympiques de Paris 2024. Aux Mondiaux d'Anvers, elle gagne quatre titres et porte son record à 30 médailles en Championnat du monde, dont 23 titres, et sept aux Jeux olympiques.

Sa marque de fabrique : l'extrême difficulté des exercices et des mouvements inédits, qui prennent son nom.

Les SimONE sont number ONE!

Je maîtrise le ski de fond sous toutes ses formes !
1B

Marit Bjørgen

NORVÉGIENNE – NÉE EN **1980** (TRONDHEIM)

Athlète la plus titrée des Jeux d'hiver

Son palmarès fait d'elle une légende incontestable de son sport, le ski de fond. Marit Bjørgen est l'athlète la plus titrée de l'histoire des Jeux d'hiver, hommes et femmes confondus : 18 titres de championne du monde, 114 victoires en Coupe du monde et 15 médailles olympiques – dont huit en or : sa dernière, elle la gagne aux Jeux olympiques de Pyeongchang, en 2018, au terme d'un 30 kilomètres classique qu'elle domine largement, passant la ligne d'arrivée avec 2 minutes d'avance sur ses poursuivantes.

Ce jour-là, la fondeuse norvégienne termine sa carrière olympique démarrée seize ans plus tôt. Elle ne le dit pas encore mais elle s'apprête à prendre sa retraite. Quelques semaines plus tard, elle officialise sa volonté d'arrêter en assurant qu'elle ne supportera pas un an de plus. Après quasiment deux décennies de compétitions au haut niveau d'exigence, elle a besoin d'ouvrir un nouveau chapitre.

Marit Bjørgen a marqué le ski de fond non seulement en s'imposant sur tous les formats de courses, mais aussi, et surtout, en revenant plus forte après les quelques échecs qui ont émaillé sa vie d'athlète. Quand elle arrive, par exemple, aux Jeux de Turin en 2006, elle est au cœur d'une bonne saison et attend énormément de ce rendez-vous mondial. Mais de violents maux d'estomac viennent lui gâcher la compétition. Elle abandonne d'abord la poursuite, incapable de prendre le départ ; puis elle s'accroche, remporte la médaille d'argent sur le 10 kilomètres classique. Elle assure aussi le relais avec ses coéquipières norvégiennes, prend le départ du sprint où elle finit dix-huitième, mais ne tient pas davantage ; souffrante, elle renonce à l'épreuve des 30 kilomètres.

Ces JO douloureux, Bjørgen a mis du temps à les digérer mais elle a vite décidé de s'en servir comme point de départ d'une remise en question. Nouvelles méthodes d'entraînement, nouvelles approches alimentaires : la fondeuse donne un sens à son échec. Elle fait le dos rond, patiente doucement, attend que ses efforts payent, puis redevient dominante. Aux Jeux olympiques, à Vancouver en 2010, à Sotchi en 2014 et à Pyeongchang en 2018, elle écrase la concurrence.

Son immense palmarès et son statut n'ont malheureusement pas suffi à la mise en lumière du ski de fond féminin, une discipline peu suivie dans le monde en dehors des Jeux olympiques.

Dans son autobiographie, Marit Bjørgen révèle avoir été victime de *body shaming*. Très musclée, elle a reçu de nombreux commentaires sur son corps, que certains ne trouvaient pas « normal ». Si sa confiance en elle l'a préservée, elle regrette qu'on ait pu moquer un corps qu'elle a toujours considéré comme un outil de travail pour atteindre ses objectifs ; peu importe qu'il soit esthétique ou non. Elle le rappelle, les femmes ne sont pas là pour plaire à ces messieurs !

« Marit Bjørgen a marqué le ski de fond non seulement en s'imposant sur tous les formats de courses, mais aussi, et surtout, en revenant plus forte après les quelques échecs qui ont émaillé sa vie d'athlète. »

Surya Bonaly

FRANÇAISE — NÉE EN **1973** (NICE)

Première patineuse à réussir un salto arrière sur la glace

Brillante mais couronnée d'injustices, la carrière de Surya Bonaly ne lui a pas laissé le palmarès qu'aurait mérité cette icône du patinage artistique, qui a bouleversé son sport dans les années 1990.

Son enfance est atypique : ses parents adoptifs l'élèvent sur les hauteurs de la ville de Nice, dans une bergerie sans eau ni électricité, et lui font l'école à la maison ! La petite Surya – « soleil » en sanskrit – suit très tôt sa mère, professeure de sport, à la patinoire. Dès ses 2 ans, elle s'exerce avec de petits patins à deux lames. Elle teste beaucoup de disciplines avant de se consacrer au patinage artistique, notamment la gymnastique, qui lui donne une musculature et un talent pour les acrobaties bien supérieurs à ses futures adversaires.

La fillette a un caractère bien trempé : en 1984, à la télévision, elle voit la célèbre patineuse est-allemande Katarina Witt réussir un double axel – soit deux rotations d'un tour et demi en l'air – et décide tout simplement de l'imiter. Résultat : elle se casse une cheville…

Quelques mois plus tard, elle tape dans l'œil de l'entraîneur national, Didier Gailhaguet, et son destin prend un nouveau tournant : elle part s'entraîner en banlieue parisienne et intègre l'équipe de France l'année suivante. À seulement 12 ans ! C'est le début de la gloire, car la Niçoise réalise plus de sauts que tout le monde et en augmente toujours la difficulté. Le début des critiques, aussi : on juge sa mère trop présente, trop sévère ; on dénigre le style peu conventionnel de la jeune fille, ses costumes trop colorés, ses programmes athlétiques pas assez « gracieux » selon ses détracteurs. N'y a-t-il pas du sexisme dans ces jugements, alors que les exploits techniques constituent la chasse gardée des hommes ? N'y a-t-il pas du racisme, quand il s'agit de noter une des rares patineuses noires ?

Surya Bonaly enchaîne les triples – voire quadruples – sauts, ce que personne d'autre ne sait faire, et les victoires. En 1991, elle signe un succès historique pour le patinage français aux Championnats d'Europe, à Sofia. Elle gagne l'or européen cinq fois de suite, est neuf fois d'affilée championne de France et trois fois vice-championne du monde.

En 1994, aux Mondiaux au Japon, elle est certaine de décrocher l'or, mais les juges donnent le titre à la Japonaise Sato, pourtant moins solide techniquement. En pleurs, la patineuse française refuse de monter sur le podium. Elle dira ensuite qu'il aurait sans doute fallu qu'elle se « peigne en blanc ». Aux Jeux olympiques, en trois participations, elle ne remporte aucune médaille.

À Nagano, en 1998, blessée et en fin de carrière, elle exécute un saut périlleux arrière avec réception sur un pied – un geste qui porte son nom, jamais retenté en compétition, ni par un homme ni par une femme. Le public l'acclame avant même la fin de son programme ; les juges, eux, n'apprécient pas qu'elle effectue une figure interdite car trop dangereuse. Une sorte de révérence pour ses derniers pas sur la glace, représentative de sa personnalité unique, de sa bravoure et de sa rébellion.

À Nagano, elle exécute un saut périlleux arrière avec réception sur un pied – un geste qui porte son nom, jamais retenté en compétition, ni par un homme ni par une femme.

United colors of patinage!
Surya

Bye-bye le plancher des vaches !

Hélène Boucher, Adrienne Bolland et Maryse Bastié

FRANÇAISES – **1908** (PARIS) - **1934** (GUYANCOURT), **1895** (ARCUEIL) - **1975** (PARIS), **1898** (LIMOGES) - **1952** (BRON)

Premières femmes aviatrices

Son nom est connu de tous. De nombreux stades, écoles et rues le portent. Mais est-ce que le monde sait qui est véritablement Hélène Boucher, se rend compte du rôle qu'elle a joué dans l'histoire du sport et l'émancipation des femmes ?

Sa vie aura été aussi courte qu'intense. À 22 ans, la Parisienne décide qu'elle sera pilote d'avion, et s'en donne les moyens. La discipline est majoritairement pratiquée par des hommes, mais Hélène ne se pose aucune question et plonge dans sa passion. À 23 ans, celle qu'on surnomme « la surdouée » obtient son brevet de pilote, d'abord de tourisme, puis professionnel. Elles ne sont que quatre femmes à posséder cette distinction, qui permet de voler de nuit sur de longues distances et autorise le transport de passagers : Maryse Bastié, Adrienne Bolland, Maryse Hilsz et Hélène.

Dès lors, elle se lance dans de nombreux raids en solitaire, comme le Paris-Saigon de 1929, participe à de nombreuses compétitions et bat pas moins de sept records internationaux de vitesse. En 1933, elle s'offre le record du monde d'altitude. Le 8 août 1934, elle atteint les 412 kilomètres-heure. Trois jours plus tard, elle passe les 445 kilomètres-heure ! Comme si cela ne lui suffisait pas, elle se met au vol acrobatique et obtient des résultats si rapides qu'elle laisse bouche bée tous les hommes qui croisent sa route dans le ciel.

Fervente féministe, elle a milité toute sa vie pour le droit de vote des femmes, aux côtés notamment de Maryse Bastié et d'Adrienne Bolland, ses consœurs de vol ; ces femmes iront toujours au bout de leurs idées.

Hélas, à l'automne 1934, lors d'un entraînement à Guyancourt, dans l'Essonne, l'avion d'Hélène Boucher s'écrase dans des circonstances inconnues. Son appareil aurait perdu de la vitesse en phase d'atterrissage. Elle n'avait que 26 ans. Son cercueil sera exposé publiquement aux Invalides pendant deux jours – c'est la première femme à connaître cet honneur. Malgré son très jeune âge, elle laisse derrière elle un héritage national profond et capital. Mais elle n'est pas la seule.

Adrienne Bolland, par exemple. Née en 1895 à Arcueil, première femme à traverser la cordillère des Andes, elle a failli mourir sept fois ! En effet, son caractère bien trempé et sa franchise ne font pas l'unanimité dans le milieu de l'aviation ; ses avions sont régulièrement sabotés. Pendant la Seconde Guerre mondiale, elle entre dans la Résistance.

Au même moment, Maryse Bastié, première femme à obtenir une licence de transport aérien public, réclame le droit des femmes à s'engager dans l'armée de l'Air. Alors qu'on lui conseille de s'occuper plutôt de son foyer et de rester à la place que les hommes acceptent de lui donner, elle finit par être réquisitionnée pour convoyer des avions au front. Elle mourra dans un crash, simple passagère, pendant un meeting à l'aéroport de Lyon-Bron, en juillet 1952.

Exemplaires et courageuses, ces trois femmes ont prouvé qu'on peut être une sportive de (très) haut niveau et défendre des convictions.

> **« Comme si cela ne lui suffisait pas, Hélène Boucher se met au vol acrobatique et obtient des résultats si rapides qu'elle laisse bouche bée tous les hommes qui croisent sa route dans le ciel.**

Alice Coachman

AMÉRICAINE – **1923-2014** (ALBANY)

Première femme noire à remporter une médaille d'or olympique

Une trace majeure non seulement dans l'histoire de l'athlétisme, mais aussi et surtout dans l'histoire africaine-américaine : voilà ce qu'Alice Coachman a laissé en devenant la première athlète noire à remporter un titre olympique. Un symbole fort pour celle qui est née en 1923 à Albany, en Géorgie, dans ce sud des États-Unis marqué alors par la ségrégation raciale. Pendant des décennies, ce régime de lois racistes empêche les Noirs d'être complètement libres et restreint leur accès au travail et aux services publics, notamment aux installations sportives.

La famille d'Alice compte dix enfants et très peu de moyens, mais la jeune fille est passionnée de sport et va surmonter toutes les difficultés pour pratiquer l'athlétisme et plus particulièrement sa discipline de prédilection : le saut en hauteur. Ses parents ne peuvent pas lui offrir un équipement digne de ce nom ? Elle saute pieds nus ! Et c'est sans chaussures qu'elle réussit, en 1939, à battre le record scolaire et universitaire, premier triomphe d'une longue série. Elle brille aussi à la course, remportant des titres sur les 50 et 100 mètres lors des Championnats nationaux, et au basket : étudiante au Tuskegee Institute, une université noire d'Alabama, elle gagne trois fois le championnat universitaire avec l'équipe de sa faculté. Mais c'est bien l'athlétisme sa passion, et dès ses 16 ans et son premier titre de championne des États-Unis, elle domine toutes les compétitions.

Malheureusement, les Jeux olympiques de 1940 et de 1944 sont annulés à cause de la Seconde Guerre mondiale, et sa première opportunité olympique ne se présente qu'en 1948, à Londres, alors qu'elle a 24 ans. Durant cette édition d'après-guerre, le 6 août, sa compatriote Audrey Patterson, médaillée de bronze du 200 mètres, est la première sportive noire à monter sur un podium olympique. Le lendemain, Alice Coachman franchit 1,68 mètre dès son premier essai du concours de saut en hauteur, et devient ainsi la première femme noire championne olympique. « Si j'étais allée aux Jeux et si j'avais échoué, il n'y aurait eu personne pour suivre mes traces », déclarera plus tard, bien consciente de la portée de son exploit, celle qui a inspiré des générations d'athlètes.

Pionnière sur la piste, elle est aussi, après son titre londonien, la première Africaine-Américaine à obtenir un sponsor, et pas n'importe lequel, car la société Coca-Cola la choisit alors pour faire sa publicité. Pourtant, nous sommes en 1952 et les lois ségrégationnistes sévissent encore !

Emblème national, celle qui a remporté 34 titres nationaux avant de devenir entraîneuse et enseignante a été choisie aux Jeux d'Atlanta, en 1996, pour porter la flamme olympique. Venue en aide, à travers sa fondation, aux jeunes athlètes et aux anciens compétiteurs olympiques, elle décède en 2014 à l'âge de 90 ans.

> ***« Si j'étais allée aux Jeux et si j'avais échoué, il n'y aurait eu personne pour suivre mes traces. »***

Un sacré bond pour l'histoire !

Entrer dans l'histoire avec souplesse !

Nadia Comăneci

ROUMAINE-AMÉRICAINE – NÉE EN **1961** (ONEȘTI)

Première gymnaste à obtenir la note parfaite de 10 aux Jeux olympiques

Elle reste, des décennies plus tard, le symbole de l'excellence. L'incarnation de la perfection ainsi que l'une des sportives les plus célèbres de la planète – encore et toujours –, à jamais égérie d'un petit pays marqué par la guerre froide et le communisme.

Frêle Roumaine de 14 ans, Nadia Comăneci obtient à Montréal, le 18 juillet 1976, ce qu'aucune gymnaste n'avait jamais réussi à atteindre : la note maximale de 10, au terme d'un enchaînement tout simplement parfait aux barres asymétriques, exécuté par ce petit bout de femme si mince, si pâle. Une première aux Jeux olympiques, qui bouleverse non seulement les spectateurs, mais aussi les tableaux d'affichage des notes ! Ces derniers n'étaient pas prévus pour aller au-delà de « 9,99 » et indiquent alors « 1,00 » au lieu de « 10,0 ». Comme un symbole de cette performance extraordinaire.

Au Canada, la jeune fille d'1,50 mètre réitère son exploit à sept reprises, en individuel et en équipe, gagne trois médailles d'or, une d'argent et une de bronze. Elle devient la première Roumaine à s'imposer dans le concours général de gymnastique des JO et la plus jeune gymnaste de l'histoire à remporter le titre au classement général. Un record qui n'a pas été battu depuis et qui ne devrait pas l'être, puisque depuis 1997, il faut avoir 16 ans pour participer aux épreuves olympiques de gymnastique !

Ses exploits la font entrer dans l'histoire des Jeux et la propulsent immédiatement dans la lumière, et ce, en pleine guerre froide – un contexte politique international très particulier. Son retour en Roumanie est triomphal et le régime communiste de Nicolae Ceaușescu s'empare du succès planétaire de sa nouvelle icône. Elle est même décorée du fameux titre d'« héroïne du travail socialiste ».

Entre reconnaissance et contrôle, non seulement du pouvoir en place, mais aussi de son entraîneur historique – celui qui l'a repérée et entraînée dès ses 6 ans, Bela Karolyi –, les années qui suivent le triomphe canadien sont loin d'être idylliques, parfois obscures. Sous pression, la jeune fille devient jeune femme et connaît de longues périodes de mal-être.

Malgré tout, elle réussit à remporter trois médailles d'or aux Championnats d'Europe en 1979. Et à faire gagner son équipe nationale aux Championnats du monde, quelques mois plus tard, alors qu'elle est gravement blessée à la main. En 1980, pour ses seconds et derniers JO, à Moscou, elle conserve ses titres olympiques au sol et à la poutre et reçoit l'argent du concours général. Avant de prendre sa retraite sportive, à seulement 20 ans. Une carrière d'étoile filante.

Elle se consacre ensuite à des galas de gymnastique, toujours sous le joug de l'État roumain. Avant la rébellion ultime : en novembre 1989, huit ans après l'arrêt de sa carrière, elle quitte le pays clandestinement et rejoint les États-Unis. Est-ce vraiment une trahison ou, au contraire, le régime lui a-t-elle permis de s'échapper juste avant la révolution qui verra le communisme et Ceaușescu tomber ? Les théories sont multiples et Nadia Comăneci n'a jamais complètement livré la vérité.

Depuis, celle qui a obtenu la nationalité américaine en 2001 est engagée dans différentes œuvres de charité, surtout en faveur des enfants, notamment en Roumanie. Son pays d'origine lui a pardonné son départ pour l'ancien pays ennemi et lui a offert les titres de présidente honoraire de la Fédération roumaine de gymnastique et présidente honoraire du Comité olympique roumain.

Nadia Comăneci a contribué plus que personne à rendre son sport populaire ; elle est toujours considérée comme l'une des meilleures gymnastes de l'histoire.

> ***Les tableaux d'affichage des notes n'étaient pas prévus pour aller au-delà de « 9,99 » et indiquent alors « 1,00 » au lieu de « 10,0 ».***

Charlotte Cooper

ANGLAISE — **1870** (EALING) - **1966** (HELENSBURGH)

Première championne olympique

Une pionnière à la longévité exceptionnelle… c'est ainsi que l'on peut résumer la carrière de celle qui a remporté la première médaille d'or olympique de l'histoire et qui est toujours la gagnante la plus âgée du tournoi de Wimbledon. La fille de Teresa Georgiana et Henry Cooper est née en 1870, en Angleterre, en même temps que le tennis moderne : les règles officielles du jeu sont publiées en 1874. Dès ses débuts, le tennis est pratiqué aussi bien par les hommes que par les femmes, qui s'affrontent les uns les autres.

La petite Charlotte, dernière d'une fratrie de six, commence à jouer dès l'enfance au Ealing Lawn Tennis and Archery Club, dans la banlieue nord-ouest de Londres. Elle gagne son premier titre à 23 ans, en 1893, grâce au jeu offensif qui sera sa marque de fabrique. Tout comme son service, étonnant pour l'époque : quand la plupart de ses adversaires servent à la cuillère – c'est-à-dire par en dessous –, elle lance la balle en hauteur.

Deux ans plus tard, en longue robe immaculée, elle décroche le premier de ses cinq titres en simple à Wimbledon, face à une compatriote, Blanche Bingley. Le tournoi du Grand Chelem anglais existe depuis 1877, mais les femmes ont dû attendre 1884 pour être les bienvenues sur les courts en gazon ; le premier match féminin officiel s'était joué cinq ans plus tôt, en 1879, à Dublin, lors de l'Irish Open.

Aux Jeux olympiques, les femmes sont présentes dès la première édition, à Paris, en 1900, mais peuvent concourir individuellement dans deux sports uniquement, le tennis et le golf. Le 11 juillet 1900, sur les courts de l'île de Puteaux, Charlotte Cooper remporte le simple dames des premiers Jeux de l'ère moderne en battant en finale la Française Hélène Prévost : 6-1, 6-4. Elle devient la première femme à s'adjuger une médaille d'or olympique dans une épreuve individuelle. La veille, déjà, elle a gagné la médaille d'or en double mixte en compagnie de Reginald Doherty.

Six mois plus tard, elle épouse Alfred Sterry avec qui elle a deux enfants, Rex et Gwyneth. Mrs. Sterry Cooper met alors sa carrière en pause pendant quelques années, avant, fait rarissime encore aujourd'hui, de reprendre la compétition. Et de triompher une dernière fois à Wimbledon en 1908 : à 37 ans et 282 jours, elle demeure à ce jour la gagnante la plus âgée de l'épreuve. Son autre record, onze finales disputées entre 1895 et 1912, ne sera égalé qu'en 1994 par une autre immense championne, Martina Navratilova.

En 1912, à 42 ans, Charlotte Cooper atteint encore la finale du tournoi anglais et poursuit sa carrière jusque dans les années 1950. Décédée en 1966 à l'âge de 96 ans, elle est un modèle de passion pour son sport.

Le tournoi du Grand Chelem anglais existe depuis 1877, mais les femmes ont dû attendre 1884 pour être les bienvenues sur les courts en gazon.

Vivement l'invention de la mini-jupe !

En moto Simone !
ard

Anne-France Dautheville

FRANÇAISE – NÉE EN **1944** (PARIS)

Première femme à réaliser un tour du monde à moto

Une femme libre éprise d'espace ! À 25 ans, Anne-France Dautheville plaque tout : son job dans la publicité, son appartement dans le 16e arrondissement, sa vie parisienne bien organisée, et part à l'aventure. Trois ans auparavant, contrainte de trouver un nouveau moyen de transport pendant les grèves de Mai 68, la jeune femme s'est acheté une moto Honda : une révélation ! Très vite, les rues pavées de la capitale ne lui suffisent plus ; elle part faire vrombir son moteur sur les routes de France puis sur celles du monde.

En 1972, elle prend part au raid Orion, une course qui relie Paris à Ispahan, en Iran. Après avoir rencontré des difficultés pour s'inscrire, croisant le chemin de quelques hommes réticents, elle finit par être autorisée à concourir. C'est la seule femme parmi les 92 pilotes sur la ligne de départ, aux Champs-Élysées. Arrivée à Ispahan, Anne-France Dautheville en veut encore ; elle sillonne les routes afghanes puis pakistanaises au guidon de sa Moto Guzzi 750. L'expérience s'avère fabuleuse, riche et magnifique. La jeune femme veut la raconter au monde entier et s'engage dans l'écriture d'un livre : *Une demoiselle à moto* (Flammarion, 1973).

Sur son petit nuage, elle déchante vite à son retour. Des rumeurs lui arrivent aux oreilles : on raconte qu'elle aurait triché et terminé le raid en camion. Et puis, au passage, tiens, certains s'amusent à sous-entendre qu'elle serait lesbienne. Et puis nymphomane, aussi ! Tant qu'on y est… Furieuse, Anne-France ne se laisse pas faire. Les commentaires sur sa sexualité, elle s'en moque complètement. En revanche, les doutes autour de sa performance, non ! Elle annonce à la presse que non seulement elle va recommencer, mais surtout qu'elle fera constater le tout par un huissier de justice.

En 1973, sur sa Kawasaki 100, elle effectue un extraordinaire périple de plus de 20 000 kilomètres en passant par l'Amérique du Nord, l'Asie, le Moyen-Orient puis l'Europe de l'Est. C'est la première femme à réaliser un tour du monde à moto. Et personne ne peut dire le contraire ! Comme lors de son premier raid, elle relate plus tard ses pérégrinations dans l'ouvrage *Et j'ai suivi le vent* (Flammarion, 1975). Dans les années qui suivent, elle se lance d'autres défis comme le tour de l'Australie ou celui de l'Amérique latine : ce sera son dernier grand voyage, en 1981.

Audacieuse, libre, Anne-France Dautheville devient auteure et publie 23 livres au cours de sa folle vie d'aventures. Le jour de ses 60 ans, rappelée par l'envie d'enfourcher sa bécane, elle reprend les routes pour une grande virée à travers la France, toujours avec la même passion. Évidemment, ce périple se raconte dans un livre, *La Vieille qui conduisait les motos* (Payot, 2019). Peu importe l'âge, pourvu qu'on ait l'exemple : celui de ne jamais censurer ses désirs de liberté.

> *Les commentaires sur sa sexualité, elle s'en moque complètement. En revanche, les doutes autour de sa performance, non !*

Maria Teresa De Filippis

ITALIENNE – **1926** (NAPLES) - **2016** (SCANZOROSCIATE)

Première pilote à participer à une course de Formule 1

Le saviez-vous ? La Formule 1 est un sport mixte ! Eh oui, femmes et hommes peuvent concourir ensemble ou plutôt les uns, et donc les unes, contre les autres, dans la discipline reine du sport automobile, créée en 1946. Difficile à croire, étant donné le nombre de femmes à avoir un jour pris part à une course. Seules cinq femmes pilotes ont participé de différentes manières au Championnat du monde depuis sa création : trois n'ont jamais réussi à se qualifier pour la course, c'est-à-dire à signer un temps suffisant lors des qualifications : Giovanna Amati (Italie), en 1992, Desiré Wilson (Afrique du Sud), en 1980, et Divina Galica (Royaume-Uni), en 1976 et 1978. La plus assidue est l'Italienne Lella Lombardi : 17 participations, dont douze départs, de 1974 à 1976. C'est également la seule femme à figurer au palmarès du Championnat du monde grâce à sa sixième place acquise au Grand Prix d'Espagne 1975, qui lui rapporta alors… un demi-point.

Mais la pionnière de la Formule 1, la première à avoir roulé avec les plus rapides des bolides, s'appelle Maria Teresa De Filippis. Née en 1926 dans une famille de la haute bourgeoisie napolitaine, la jeune fille se met à la course automobile après avoir été défiée par ses trois frères – convaincus qu'elle ne pourrait pas conduire aussi vite qu'un homme – et aidée par son père qui lui paie ses premières voitures de course. Et elle en a besoin, d'argent, et de caractère, pour faire sa place dans le milieu automobile des années 1950. Celle que l'on commence à appeler « *la pilotina* » (« la petite pilote ») a tout ce qu'il faut, et du talent à revendre, pour disputer, sur des voitures de plus en plus puissantes, des courses de plus en plus prestigieuses.

Jusqu'à la Formule 1, en 1958 : elle s'offre une Maserati privée et finit cinquième de sa première course, le Grand Prix de Syracuse, hors Championnat du monde, certes, mais cela reste une première historique et à ce jour la meilleure performance jamais réalisée par une femme en F1. Un mois plus tard, au Grand Prix de Monaco – faisant bien partie, lui, du calendrier mondial –, l'Italienne ne réussit pas à se qualifier pour la course : il faut le dire, sa voiture est moins à la pointe techniquement que celles de ses concurrents…

Comment se passe son intégration au milieu de tous ces hommes ? « Je n'ai jamais eu de problème avec les grands pilotes, racontera-t-elle bien plus tard. Seulement avec ceux qui n'aimaient pas que je les batte. » Une fois, on lui interdit de courir au Grand Prix de France, dont le directeur aura cette formule censée sans doute être drôle : « Les seuls casques que doivent porter les femmes sont ceux de leurs coiffeurs. »

Maria Teresa De Filippis prend part à trois autres Grand Prix, en Italie, où elle occupe longtemps la cinquième place avant d'être trahie par sa machine, en Belgique et au Portugal, mais elle n'aura jamais dans les mains – comme les femmes pilotes qui arriveront après elle – une voiture assez performante pour vraiment défier les hommes. Soixante ans plus tard, les choses n'ont pas beaucoup évolué. Ces dernières années, seule la Britannique Susie Wolf a participé à quelques séances d'essais libres au volant d'une Williams, en 2014 et 2015. Il serait temps que la Formule 1 devienne enfin le sport mixte qu'elle prétend être !

« Je n'ai jamais eu de problème avec les grands pilotes… Seulement avec ceux qui n'aimaient pas que je les batte. »

Une première qui fera tache d'huile !

La meilleure des morning routine !

Catherine Destivelle

FRANÇAISE – NÉE EN **1960** (ORAN, ALGÉRIE)

Première femme à conquérir en solitaire les plus hauts pics des Alpes

« La libellule du rocher », « la gazelle des canyons », « la grande Catherine »... La liste des surnoms de Catherine Destivelle dans les années 1990 est à la hauteur de son immense renommée.

Tout le monde admire, envie, la frêle jeune femme qui a osé défier les géants des Alpes en solo. La Parisienne, née en Algérie en 1960, qui s'initie à l'escalade dès l'enfance, dans la forêt de Fontainebleau. Et qui, avant d'être majeure, multiplie déjà les grandes ascensions dans les Alpes, parfois à l'insu de ses parents. Elle achève quand même ses études de kinésithérapeute, mais le goût de l'escalade et, à ce moment-là, de la compétition est toujours bien présent. À la fin des années 1980, elle est l'une des meilleures grimpeuses mondiales.

À l'aube de ses 30 ans, changement de cap, elle revient à la haute montagne et réussit une série d'ascensions et d'exploits qui la feront entrer dans l'histoire et dans le cœur des Français. Car pour conquérir l'excellence, elle a choisi la pratique ultime : le solo. Elle devient ainsi la première à gravir, en hiver et en solitaire, les trois faces les plus mythiques des Alpes : l'Eiger, les Grandes Jorasses et le Cervin. Mais il y a aussi des ascensions emblématiques comme celle des Drus, toujours dans le massif alpin, en 1991 ; pendant onze jours, toujours seule, elle ouvre une nouvelle voie sur la face ouest, le long d'une roche lisse. En 1996, elle frôle le drame en Antarctique : après avoir grimpé au sommet d'un « 4 000 », elle chute sur plusieurs mètres alors qu'elle se fait photographier par son compagnon. Résultat : une fracture ouverte à la jambe, loin de tout, et une descente qui durera seize heures, par moins 30 degrés. Les secours, bloqués par une tempête, n'arriveront que trois jours plus tard.

« Quand je suis dedans et que j'en bave, je me demande ce que je fais là et quand je suis en haut et que c'est beau, je suis tellement enchantée de l'avoir fait que je voudrais y retourner », écrit-elle en 2012. Star incontestée de sa discipline, modèle d'indépendance et de réussite, elle dirige depuis plusieurs années une maison d'édition spécialisée dans les livres de montagne, pour faire perdurer l'esprit de l'alpinisme depuis son chalet, face aux aiguilles de Chamonix. Avec sous les yeux les pics rocheux qui ont fait d'elle, pour toujours, une « roc star ».

En 1996, elle frôle le drame en Antarctique : après avoir grimpé au sommet d'un « 4 000 », elle chute sur plusieurs mètres.

Natalie du Toit

SUD-AFRICAINE — NÉE EN **1984** (LE CAP)

Première nageuse amputée à se qualifier parmi les personnes valides à des Jeux olympiques

Le 20 août 2008, dans le parc aquatique olympique de Shunyi, au nord-est de Pékin, 25 femmes prennent le départ du 10 kilomètres en eau libre. C'est la première fois de l'histoire des Jeux olympiques que cette discipline est au programme et, parmi les participantes, une femme se distingue. Elle porte le dossard 23, une combinaison noire, un bonnet de bain jaune et une prothèse à la jambe gauche. Juste avant de s'élancer, elle l'enlève, s'assoit sur le rebord du ponton et plonge assise. 10 kilomètres plus tard, cette femme termine seizième. Le résultat importe assez peu tant est puissant le symbole que représente sa seule présence.

Natalie du Toit a 17 ans quand elle est amputée de sa jambe après un accident de scooter. Alors espoir de la natation sud-africaine, elle a participé, trois ans plus tôt, à 14 ans, aux Jeux du Commonwealth ; à 15 ans, aux Jeux africains, elle a gagné la médaille d'argent sur le 200 mètres papillon. Un avenir doré, ou plutôt bleu piscine, se présente à elle. Jusqu'à cet accident.

Mais rien n'arrête Natalie, et surtout pas son handicap. L'année qui suit son amputation, elle s'aligne aux Jeux du Commonwealth où elle prend l'or deux fois sur 50 et 100 mètres nage libre, s'attribuant au passage le nouveau record du monde. Elle est désormais une référence de la natation handisport, et elle arrive en vedette aux Jeux paralympiques d'Athènes, en 2004. En démonstration, Natalie du Toit décroche cinq médailles d'or et une médaille d'argent. Cette année-là, elle est consacrée par son pays et fait partie des « *100 Greatest South Africans* ».

Mais depuis son accident, une idée trotte dans la tête de la nageuse. Se confronter aux athlètes valides, et ce, lors du plus grand rendez-vous sportif : les Jeux olympiques. Après avoir échoué de peu à se qualifier pour les Jeux de 2004, Natalie ne se laisse pas aller à l'amertume et vise les suivants. À Séville, en Espagne, elle termine quatrième de l'épreuve de nage en eau libre aux Championnats du monde et s'offre son ticket tant espéré pour les JO de Pékin. Elle est l'une des premières athlètes à se qualifier pour des Jeux olympiques et des Jeux paralympiques la même année.

Auréolée de son statut d'immense sportive, elle est même choisie pour être porte-drapeau de la délégation sud-africaine lors de la cérémonie d'ouverture, et devient ainsi la première femme amputée à obtenir cet honneur et à affronter des personnes valides. Ce 20 août 2008, Natalie du Toit termine à 1 minute et 20 secondes du podium, remporte la seizième place et entre dans l'histoire.

Au moment de ranger définitivement sa combinaison et de prendre sa retraite sportive, Natalie peut se vanter d'avoir gagné treize médailles d'or dans trois Jeux paralympiques et une magnifique place dans les cœurs du monde entier.

> *Elle porte le dossard 23, une combinaison noire, un bonnet de bain jaune et une prothèse à la jambe gauche.*

Comme un para-poisson dans l'eau !

Danser rend la vie plus douce...

Isadora Duncan

AMÉRICAINE – **1877** (SAN FRANCISCO) - **1927** (NICE)

Pionnière de la danse libre

Une femme libre, dont l'existence fut marquée jusqu'au bout par les drames : ce pourrait être l'épitaphe d'Isadora Duncan, qui a révolutionné l'art de la danse au début du siècle dernier. Dès son enfance en Californie, elle est confrontée aux tourments de la vie : son père, banquier, se retrouve ruiné, ses parents se séparent sur fond d'infidélité ; la petite Isadora et sa sœur Elizabeth donnent des cours de danse afin d'aider leur mère et soutenir les finances de la famille. Elle a 12 ans et vient d'ouvrir sa première école de danse. Il y en aura beaucoup d'autres.

À 18 ans, l'apprentie artiste part découvrir le monde, à New York d'abord pour travailler dans une compagnie de théâtre, puis, quatre ans plus tard, à Londres, et enfin à Paris. C'est dans la capitale française que la jeune danseuse connaît un succès fulgurant, aidée au début par une autre Américaine, Loïe Fuller, dont la fameuse danse serpentine fait la gloire. Rapidement, ce sont les récitals d'Isadora Duncan, pieds nus, à peine recouverte par quelques voiles, et sa façon de danser inspirée de la mythologie grecque qui ravissent les salons artistiques parisiens et bientôt toute l'Europe.

On est loin du ballet avec les traditionnels tutus et les pointes ! Son art, qualifié de « danse libre », par opposition à la danse classique, échappe au formalisme en vigueur jusque-là par la recherche de mouvements naturels et spontanés du corps. Muse de nombreux auteurs et artistes – comme son ami et voisin Auguste Rodin –, elle pose les premières bases de la danse moderne. Et elle en fera l'enseignement et la promotion, non seulement dans plusieurs écoles qu'elle crée en Europe, mais aussi aux États-Unis et en Russie, où elle s'installe un temps, charmée par la nouvelle Union soviétique – et par un jeune poète de dix-huit ans son cadet, Sergueï Essénine, qu'elle épouse et avec qui elle fait le tour du monde.

Duncan est une femme affranchie, aux amours nombreuses et bisexuelles. Mais aussi une femme meurtrie, qui connaît en 1913 l'immense douleur de perdre ses deux jeunes enfants, Deirdre et Patrick, disparus dans la Seine avec leur nourrice lors d'un accident. L'année suivante, elle accouche d'un fils qui ne vit que quelques heures…

Son décès, le 14 septembre 1927 à Nice, est tout aussi tragique. Ce jour-là, elle porte un long foulard de soie qui se prend dans la roue du véhicule qu'elle conduit ; elle meurt sur le coup. Ses cendres sont déposées au cimetière du Père-Lachaise, à Paris, auprès de ses enfants. Symbole d'une vie de liberté – peu de femmes conduisaient à l'époque – et de drames, sa mort ne doit pas faire oublier à quel point son enseignement de la danse perdure, ni les hommages qui lui sont rendus depuis sa disparition : parmi eux, le film *Isadora*, en 1968, avec la célèbre actrice Vanessa Redgrave dans le rôle principal. Ou le titre *Salomé* du chanteur Pete Doherty, qui lui est dédié en 2009. Une allée porte son nom dans le 15e arrondissement de Paris.

> ***Son art, qualifié de « danse libre », par opposition à la danse classique, échappe au formalisme en vigueur jusque-là par la recherche de mouvements naturels et spontanés du corps.***

Justine Dupont

FRANÇAISE — NÉE EN **1991** (BORDEAUX)

Première femme à surfer sur une vague de 15 mètres

Voici une championne qui ne connaît pas la peur ! À tel point qu'elle part affronter les plus grosses vagues du monde avec son éternel sourire. Et sa planche ! Justine Dupont est une surfeuse de grosses vagues ; cette discipline extrême consiste à surfer sur des vagues de plus de sept mètres – dans son cas, jusqu'à une vingtaine de mètres. Difficile d'imaginer à quoi cela correspond ? C'est simple : un immeuble de huit étages, et une vitesse de 65 kilomètres à l'heure. Pour cela, la jeune femme arrive tractée par un Jet-Ski, qui la dépose au sommet du monstre. La concentration doit être maximale car la moindre erreur peut entraîner une terrible chute. Cela fait peur rien que d'y penser… mais Justine Dupont semble toujours décontractée !

Si elle n'a pas toujours dompté des vagues géantes, le surf est entré très tôt dans sa vie – dès l'âge de 11 ans, en famille en Gironde – et avec lui, la compétition. À 15 ans, en 2007, elle est titrée vice-championne du monde de *shortboard*, la planche de surf la plus commune. Surfeuse ultra-polyvalente et désormais considérée comme la plus complète du monde, la jeune femme est aussi sacrée championne du monde de *stand up paddle* – une discipline qui se pratique debout sur une planche avec une pagaie ou une rame – et trois fois vice-championne du monde de *longboard*, une longue planche avec un nez arrondi.

C'est à partir de 2012 que Justine s'intéresse sérieusement aux grosses vagues et commence à les dompter, d'abord au Pays basque, où elle surfe en 2013 sur la vague la plus haute jamais prise par une femme – estimée à 15 mètres –, puis au Portugal, du côté de Nazaré, ville connue pour accueillir les vagues les plus impressionnantes du monde. En novembre 2019, un an après une lourde blessure qui l'a obligée à quatre mois de rééducation, elle y surfe sur une vague de près de 21 mètres : un record. Depuis, elle ne cesse d'affronter des vagues considérées comme les plus grosses sur lesquelles une femme ait jamais surfé, parfois même femmes et hommes confondus.

Championne accomplie, Justine Dupont est aussi une sportive engagée pour la protection de l'environnement, à travers différentes actions telles que des opérations de ramassage de déchets sur les plages ou le calcul de l'empreinte carbone de ses déplacements à l'année ; celle-ci est ensuite traduite en somme d'argent versée à des associations.

La concentration doit être maximale car la moindre erreur peut entraîner une terrible chute. Cela fait peur rien que d'y penser… mais Justine Dupont semble toujours décontractée !

Quand les vagues sont bonnes, bonnes, bonnes!

Libre de nager la nage libre!

Fanny Durack

AUSTRALIENNE — **1889-1956** (SYDNEY)

Première championne olympique de natation

En 1912, l'honorable fondateur des Jeux, Pierre de Coubertin, déclare que les Jeux olympiques constituent « l'exaltation solennelle et périodique de l'athlétisme mâle avec [...] l'applaudissement féminin pour récompense ». Après les premières éditions olympiques, marquées par une participation extrêmement réduite des femmes, elles font cependant leur entrée aux JO dans les épreuves de natation cette année-là, à Stockholm.

Après un vote pour le moins agité au Comité international olympique, deux ans plus tôt, les femmes sont autorisées à prendre part à deux épreuves de natation, le 100 mètres et le 4 × 100 mètres nage libre, et au plongeon. Et les championnes présentes ne viennent pas simplement pour applaudir, notamment une Australienne de 23 ans, Fanny Durack. Depuis son enfance, c'est une nageuse prodige.

Fanny décroche son premier titre à seulement 7 ans, celui de l'État de Nouvelle-Galles du Sud. Elle nage aussi bien la brasse, technique la plus répandue à l'époque, que le crawl, que seuls les spécialistes savent pratiquer. Toutefois, pour devenir une grande championne, il faut de l'adversité : elle la trouve en la personne d'une autre nageuse de sa ville, Mina Wylie. Les deux jeunes filles se défient depuis des années quand, aux Jeux suédois, la natation s'ouvre enfin aux femmes. Le public en est certain : le duel va connaître son apogée !

Ce sera cependant sans l'aide de leur Fédération, qui les invite à financer elles-mêmes leur préparation et leur déplacement ; elles réussissent, grâce à un appel aux dons, à partir en quête d'une consécration planétaire. Et c'est Fanny Durack, déjà détentrice des records du monde sur 100 yards (environ 90 mètres) et sur 220 yards (200 mètres), qui prend toute la lumière. Le 8 juillet 1912, elle gagne sa série du 100 mètres, avec une avance de plus de 7 secondes sur sa première poursuivante ! Le 11 juillet, en demi-finale, elle a 6 secondes d'avance sur la deuxième. Le 12 juillet au soir, Fanny Durack mène la finale de bout en bout et termine avec 3 secondes d'avance sur sa compatriote. Elle entre dans l'histoire en devenant la première nageuse sacrée championne olympique.

Cette victoire lui permet d'être invitée ensuite à des compétitions dans toute l'Europe et aux États-Unis. Après les Jeux, elle battra pas moins de douze records du monde ! Malheureusement, Durack ne défendra jamais son titre olympique, car en 1920, pour les Jeux d'Anvers, elle souffre d'une appendicite. Elle prend sa retraite l'année suivante, pour être entraîneuse dans sa Nouvelle-Galles du Sud natale. Décidément, elle n'était pas venue juste pour applaudir !

> *« Elle nage aussi bien la brasse, technique la plus répandue à l'époque, que le crawl, que seuls les spécialistes savent pratiquer. »*

Amelia Earhart

AMÉRICAINE — **1897** (ATCHISON) - **1937** (DISPARUE DANS L'OCÉAN PACIFIQUE)

Première aviatrice à traverser l'Atlantique en solitaire

Son histoire est un film d'aventures. Ses surnoms évoquent les personnages d'un bon polar anglais. Amelia Earhart, dite « Lady Lindy » ou « Meeney », a connu une vie romanesque et pourtant bien réelle.

Lorsqu'elle monte dans un avion pour la première fois, à 23 ans, Amelia a une révélation : quoi qu'il en coûte, son destin sera de piloter. Elle enchaîne alors les petits boulots pour se payer des cours de conduite, puis un avion. En un an, c'est fait ! En 1923, elle s'envole à bord du *Canary*, son biplan jaune poussin, et atteint l'altitude de 4 300 mètres, devenant la première femme de l'histoire à voler aussi haut.

L'Américaine du Kansas pique déjà la curiosité des médias et enchaîne les heures de vol, passant sa vie en quête de nouveaux défis. Lorsque Charles Lindbergh relie Paris à New York en 1927, traversant l'Atlantique en solitaire et sans escale pour la première fois de l'histoire, Amelia Earhart songe alors : « Et pourquoi pas une femme ? Et pourquoi pas moi ? »

L'année suivante, elle embarque avec deux hommes à bord d'un trimoteur, depuis Terre-Neuve, à l'est du Canada, jusqu'au pays de Galles. La presse ne retient que sa présence à bord de l'avion ; il s'agit en fait d'un gros coup marketing de celui qui deviendra son mari, George Putnam. À peine arrivée, la jeune femme est au cœur de toutes les attentions mais elle répète inlassablement aux journalistes : « Pendant la traversée, je n'ai été que passagère, simple passagère. » Traduction : cette traversée ne m'appartient pas. Et cela ne lui convient pas du tout.

En 1932, à 34 ans, Amelia tente sa chance, seule cette fois. C'est son exploit : elle veut en récolter la gloire. À Terre-Neuve, elle prend le départ, avec pour objectif la France. Toute la presse est là, fascinée par cette femme qui n'a peur de rien. La traversée est difficile. Lady Lindy croise des orages, rencontre des défaillances techniques, ne peut échapper au givre sur les ailes de son avion… Pourtant, 3 261 kilomètres et 14 heures 54 plus tard, elle atterrit en Irlande. Elle n'a pas réussi à rallier la France mais peu importe : Amelia Earhart est la première femme à traverser l'Atlantique en solitaire.

L'Américaine disparaît en 1937 alors qu'elle essaye de réaliser un tour du monde à bord de l'*Electra*, l'avion qu'elle partage avec son copilote, Fred Noonan. Attendus sur une minuscule île du Pacifique pour un dernier ravitaillement avant le grand voyage, les deux pilotes n'arriveront jamais. Pendant deux semaines, de nombreuses opérations sont lancées par le gouvernement américain pour retrouver l'avion et percer le mystère de la disparition d'Earhart et Noonan. Sans succès. George Putnam finance lui-même d'autres recherches, également infructueuses. L'équipage est déclaré décédé en 1939.

La disparition d'Amelia Earhart a nourri de nombreux fantasmes plus ou moins crédibles… Mais l'explication la plus plausible reste tout simplement la pénurie de carburant tandis que le duo survolait le Pacifique.

La traversée est difficile. Lady Lindy croise des orages, rencontre des défaillances techniques, ne peut échapper au givre sur les ailes de son avion…

Toujours la tête dans les nuages !
AE

J'ai plus d'un tour dans ma Manche !

Gertrude Ederle

AMÉRICAINE – **1905** (NEW YORK) - **2003** (WYCKOFF)

Première nageuse à traverser la Manche

Son nom est presque tombé dans l'oubli : pourtant, elle a été acclamée par près de deux millions de personnes après avoir réussi l'une des plus grandes prouesses sportives du début du siècle dernier. Gertrude Ederle est la première femme de l'histoire à traverser la Manche, et la première détentrice du record de la traversée femmes et hommes confondus !

Après les avoir beaucoup observés sur la plage du New Jersey où elle passe ses vacances d'été, l'Américaine nage aussi vite et bien que les garçons – à l'époque, les filles ne nagent pas le crawl : c'est trop physique, trop technique pour elles, enfin ! Gertrude s'avère pourtant très douée : à 13 ans, elle gagne sa première course de natation et rejoint l'Association américaine de natation féminine. Le début d'une longue période de succès et de records battus : elle fera tomber une trentaine de records du monde avant ses 20 ans !

En 1924, à 19 ans, avec l'équipe américaine, elle remporte son unique médaille d'or olympique, à Paris, sur le relais 4×400 mètres nage libre. En individuel, elle doit se contenter du bronze sur 100 et 400 mètres. Mais elle a d'autres défis à relever en nage libre, comme la traversée de la Manche, réussie pour la première fois en 1875 par Matthew Webb mais jamais par une femme, malgré plusieurs tentatives de l'Américaine Lillian Cannon, de l'Australienne Annette Kellerman et de la Française Jane Sion, notamment.

Gertrude Ederle s'entraîne avec Bill Burgess, deuxième homme à avoir terminé la traversée en 1911... après 18 tentatives ! La deuxième suffira pour Ederle. Le 6 août 1926, elle part du cap Gris-Nez, sur la côte française, vêtue d'un improbable maillot de bain deux pièces et de lunettes de motard protégeant ses yeux d'une mer particulièrement agitée. De nombreux reporters, embarqués sur un bateau, suivent l'événement, qui est même filmé par la société Gaumont, fait inédit pour une sportive. Il pleut, les courants sont terribles et poussent Ederle à nager 6 kilomètres de plus que les 34 initialement prévus, mais elle arrive à Kingsdown, côté anglais, 14 heures et 39 minutes plus tard. Elle bat ainsi le record de la traversée de près d'1 heure, et de la distance de 2 heures !

Certains tentent de remettre en cause la validité du record – comment une femme a-t-elle pu nager si vite ? Les bateaux l'ont forcément aidée ! –, mais la réussite d'une autre femme, Mille Carde Corson, trois semaines plus tard, confond les sceptiques. Si son temps est rapidement battu par un homme, Gertrude Ederle gardera le record féminin jusqu'en 1950.

Le retentissement de son exploit, largement relayé par les médias, est énorme : à son retour à New York, elle est célébrée par une foule immense ! Désormais professionnelle, pour être soutenue par des partenaires et financer ses traversées, elle ne participe plus aux Jeux olympiques mais devient la première femme à entrer au Hall of Fame international de la natation. Grâce à elle, toute une génération de femmes, notamment américaines, s'est jetée à l'eau !

« L'événement est même filmé par la société Gaumont, fait inédit pour une sportive. Il pleut, les courants sont terribles et poussent Ederle à nager 6 kilomètres de plus que les 34 initialement prévus.

Nawal El Moutawakel

MAROCAINE – NÉE EN **1962** (CASABLANCA)

Première femme arabe à remporter une médaille d'or olympique

Voici une pionnière du sport africain à bien des égards ! Sur la piste, où elle entre dans l'histoire en 1984 à Los Angeles ; puis en dehors, où elle demeure l'une des plus grandes dirigeantes du sport mondial. Commençons par les performances de championne d'athlétisme de Nawal El Moutawakel, née en 1962 à Casablanca. Elle commence sa carrière à 16 ans mais se spécialise deux ans plus tard seulement sur le 400 mètres haies, cette discipline particulièrement difficile qui consiste à courir 400 mètres – longueur traditionnelle d'un tour de piste – tout en franchissant dix haies. Une course encore peu pratiquée par les femmes : le premier 400 mètres haies féminin connu a eu lieu en 1971 et c'est une distance « officielle » depuis 1974.

El Moutawakel est donc bien une pionnière de cette discipline olympique, présente aux JO depuis 1900 pour les hommes mais toujours pas pour les femmes quand elle commence à la pratiquer. Et à triompher ! Sur le continent africain, d'abord, où elle décroche trois médailles d'or lors des Championnats d'Afrique au Caire, en Égypte, en 1982.

Deux ans avant d'exploser aux yeux du monde : aux Jeux olympiques de Los Angeles 1984, Nawal El Moutawakel devient la première femme arabe, africaine et musulmane à remporter une médaille d'or olympique. Elle gagne le premier 400 mètres haies de l'histoire des JO devant l'Américaine Judi Brown et la Roumaine Cristina Cojocaru, et améliore au passage le record d'Afrique en 54,61 secondes.

Pionnière sur la piste américaine, elle est aussi la première athlète marocaine, hommes et femmes confondus, à décrocher une médaille d'or olympique. De quoi enflammer la foule à Casablanca, chez elle, où son succès et son tour de stade, enveloppée du drapeau marocain, sont retransmis en pleine nuit au Maghreb – décalage horaire oblige.

Entrée dans la légende du sport africain, Nawal El Moutawakel remporte deux autres titres de championne d'Afrique après Los Angeles, mais entame rapidement une carrière de dirigeante après avoir terminé ses études de sciences, option éducation physique, à l'université américaine de l'Iowa. La jeune femme trilingue réussira à intégrer ce milieu si masculin et conservateur des grandes institutions sportives. D'abord en 1995, en devenant membre de la Fédération internationale d'athlétisme, puis en 1998, date depuis laquelle elle occupe des fonctions importantes à la commission exécutive du Comité international olympique.

Au Maroc, elle se lance également en politique quand le roi Hassan II la nomme secrétaire d'État à la Jeunesse et aux Sports, en 1997, avant d'être ministre dix ans plus tard. Féministe et impliquée dans différentes institutions internationales, elle reste une figure du mouvement d'émancipation des femmes par le sport, notamment au Maghreb.

La jeune femme trilingue réussira à intégrer ce milieu si masculin et conservateur des grandes institutions sportives.

C'est comme sauter au-dessus de l'Atlas !

Pas besoin d'avoir deux jambes pour viser dans le mille !

Neroli Fairhall

NÉO-ZÉLANDAISE – **1944** (CHRISTCHURCH) - **2006** (WELLINGTON)

Première athlète paraplégique à participer à des Jeux olympiques

Neroli Fairhall a 22 ans quand sa vie bascule. En rentrant chez elle, un soir, la jeune Néo-Zélandaise a un grave accident de moto. Elle attendra les secours pendant près de vingt et une heures… Ses membres inférieurs sont totalement paralysés et elle est alors condamnée à passer le reste de sa vie en fauteuil roulant.

Elle choisit pourtant de continuer l'athlétisme, sport qui la passionne depuis toujours, et participe même aux Jeux paralympiques de 1972. À l'approche de la trentaine, elle a des envies d'ailleurs, de nouveauté et se lance dans la pratique du tir à l'arc. Très vite, elle montre des aptitudes sensationnelles : sa capacité de concentration est parfaite, elle vise juste, sent le tir… mais elle subit malheureusement des limites physiques. Pas question de laisser tomber. La jeune femme s'entraîne dix fois plus, nage pendant des heures pour renforcer son buste et ses bras et ainsi éviter de trembler face à la cible.

Ses efforts et son abnégation finissent par payer. En 1980, Neroli obtient la médaille d'or aux Jeux paralympiques d'Arnhem, aux Pays-Bas, et cumule également de nombreux titres nationaux. Deux ans plus tard, pour la première fois de sa vie en fauteuil, elle fait face à des personnes valides aux Jeux du Commonwealth. Elle monte, là aussi, sur la plus haute marche du podium.

Ce titre lui donne des idées. Après tout, pourquoi devrait-elle se contenter de concourir dans les catégories handisports ? Son rêve de gosse, ce sont les Jeux olympiques. Elle le réalise en se qualifiant pour les Jeux de Los Angeles, en 1984, et devient alors la première athlète paraplégique à participer à cette compétition. Neroli termine à la trente-cinquième place mais peu importe : ce qui compte, c'est sa présence dans la liste des concurrents. Elle voulait être un archer comme les autres, elle a réussi.

Après sa retraite sportive, elle décide d'être entraîneuse dans le club de tir à l'arc de Christchurch, sa ville natale. En plus de transmettre ses compétences, Neroli Fairhall fait office d'exemple, en prouvant que les athlètes handisports peuvent trouver leur place et affronter tous les adversaires possibles. Elle met toute son énergie à se battre pour leur inclusion dans les compétitions réservées aux personnes valides.

Sa répartie à un journaliste, qui lui demande si tirer assise ne constitue pas un avantage et à qui elle répond : « Je ne sais pas, je n'ai jamais tiré debout », jalonne tous les livres qui racontent son histoire. Pourtant, cette question entraîne un débat dont l'issue est difficile à entrevoir. Comment encourager l'inclusion tout en respectant l'équité ? Vous avez quatre heures.

« Ce qui compte, c'est sa présence dans la liste des concurrents. Elle voulait être un archer comme les autres, elle a réussi. »

Allyson Felix

AMÉRICAINE – NÉE EN **1985** (LOS ANGELES)

Première athlète sept fois médaillée d'or aux Jeux olympiques

Toutes les sportives mères ou futures mères peuvent dire merci à Allyson Felix ! Pionnière sur la piste et en dehors, puisqu'elle s'est engagée en faveur des droits des sportives qui ont un enfant pendant leur carrière.

Repartons de la piste, d'abord, où l'Américaine née en 1985 est considérée comme l'une des plus grandes sprinteuses de tous les temps, à la foulée aussi efficace qu'élégante. Pourtant, quand elle se prend de passion pour la course, à 14 ans, ils sont peu à miser sur la jeune fille, surnommée « *Chicken Legs* » (« Jambes de poulet ») par ses camarades du lycée de North Hills, à Los Angeles. Mais le poids plume est déterminé et bat des records de précocité : elle gagne à Athènes sa première médaille olympique – en argent sur 200 mètres –, à 18 ans seulement. À 19, elle devient la plus jeune championne du monde de l'histoire de la distance. À 22, en 2008, place à la première médaille d'or olympique avec le relais 4 × 400 mètres, à Pékin. En vingt ans, elle remporte onze médailles olympiques – la dernière lors de ses cinquièmes Jeux, à Tokyo, en 2021 –, ce qui fait d'elle la femme la plus décorée de l'histoire de l'athlétisme. Et la première à gagner sept médailles d'or. Juste derrière Usain Bolt, qui en détient huit. Elle dépasse même le célèbre Jamaïcain surnommé « la foudre » au nombre de titres aux Championnats du monde : lui en compte onze, elle quatorze, le dernier obtenu aux Mondiaux 2022 d'Eugene, aux États-Unis, qui la couronnent l'athlète la plus titrée de cette compétition – hommes et femmes confondus –, à 36 ans !

Quelques années auparavant, fin 2018, la star américaine est devenue mère d'une petite Camryn, née prématurément. Cette naissance a failli coûter la vie à la championne. Et comme si cet accouchement difficile et cette nouvelle vie à gérer ne suffisaient pas, son principal sponsor a réduit son contrat de 70 % au cours de sa grossesse. Une mauvaise habitude de certaines marques quand une sportive a un enfant pendant sa carrière. Pas de quoi arrêter Allyson Felix, bien au contraire ! Elle fait son retour à la compétition lors des Championnats des États-Unis 2019, huit mois seulement après la naissance de sa fille. Et le 22 mai 2019, elle publie dans le *New York Times* une tribune dans laquelle elle dénonce la politique post-maternité de son équipementier. Pour elle, il n'est plus possible que l'on ne laisse pas les athlètes revenir sereinement après une grossesse. « C'est l'un des exemples d'une industrie du sport où les règles sont encore principalement faites par et pour les hommes », écrit-elle, racontant notamment la pression subie pour revenir au plus vite à l'entraînement, au détriment de sa santé physique et mentale.

Grâce à elle, les choses ont changé, et les athlètes peuvent désormais bénéficier dans leur contrat d'une clause leur garantissant qu'elles ne seront pas « punies » si leurs performances ne sont pas aussi bonnes les mois suivant leur accouchement. Elle s'occupe désormais d'un autre combat : celui de la garde d'enfant dans le monde du sport, où aucun aménagement n'est prévu. Elle a ainsi lancé un programme avec l'ONG qu'elle a cofondée, AndMother, pour offrir gratuitement des services de garde d'enfant aux sportives et entraîneuses. « Le but, c'est de soutenir toutes les femmes, leur dire qu'elles n'ont pas à choisir entre la maternité et le reste. »

> *« C'est l'un des exemples d'une industrie du sport où les règles sont encore principalement faites par et pour les hommes. »*

Run in the USA…
… et ailleurs !

Liberté !
Égalité !
VTT !

Pauline Ferrand-Prévot

FRANÇAISE – NÉE EN **1992** (REIMS)

Première cycliste à remporter un titre mondial dans trois épreuves

C'est une grande de la petite reine. Et son règne dure depuis plus de dix ans. Pauline Ferrand-Prévot est une surdouée et son palmarès unique fait d'elle, avec Jeannie Longo, la plus grande championne du cyclisme français.

En août 2023, lors des Championnats du monde de cyclisme à Glasgow, Ferrand-Prévot est sacrée en cross-country et devient la première femme à remporter cinq titres mondiaux dans cette discipline. Intouchable, et malgré un très mauvais départ, elle s'impose seule dans la forêt écossaise humide et grisâtre de Glentress, après une remontée extraordinaire. Comme toujours, même dans la difficulté, la Française ne lâche jamais. Derrière elle, sa jeune compatriote Loana Lecomte, qui apparaît, du haut de ses 24 ans, à la fois comme l'héritière et la rivale de Ferrand-Prévot. Tout est réuni pour que les deux femmes se détestent ; ce serait si facile. Et pourtant… « On a essayé de nous monter l'une contre l'autre, mais on a beaucoup de similitudes et on s'entend super bien. On reste rivales car il n'y aura qu'une médaille d'or à Paris. Si on réunit nos forces et qu'on travaille ensemble, on ne peut qu'être meilleures », lâche « PFP » après la course, sincèrement et sans faux-semblant. La sororité plus que la rivalité !

Avec ses quinze titres de championne du monde, Pauline Ferrand-Prévot a de la marge avant de céder son trône.

En 2022, elle est la première femme à intégrer l'équipe Ineos Grenadiers, véritable référence du cyclisme mondial, où sont passées des stars comme Chris Froome, Bradley Wiggins ou Mark Cavendish. De quoi prouver que le cyclisme féminin se professionnalise de plus en plus – même si les salaires demeurent encore loin, trop loin, de ceux des hommes. La structure ultra-professionnelle et ambitieuse d'Ineos Grenadiers donne à Pauline un cadre presque inédit, elle qui a longtemps aimé travailler en solitaire, avec encore davantage d'objectifs et de cases à cocher dans l'immense champ d'actions qu'elle s'offre chaque année.

Car ce qui fait de « PFP » une athlète unique, outre sa personnalité et son palmarès, c'est son extraordinaire polyvalence. À 23 ans, elle devient la première cycliste de l'histoire, hommes et femmes confondus, à remporter un titre mondial dans trois disciplines simultanément : cyclisme sur route, cyclo-cross et cross-country. Incapable de se contenter de peu, véritable pile électrique ayant la phobie de l'ennui, femme puissante et déterminée, Pauline touche à tout et refuse que ses journées se ressemblent. Acharnée de travail, elle roule de défi en défi avec une haine de l'échec plutôt inspirante.

« De quoi prouver que le cyclisme féminin se professionnalise de plus en plus – même si les salaires demeurent encore loin, trop loin, de ceux des hommes.

Birgit Fischer

ALLEMANDE – NÉE EN **1962** (BRANDEBOURG)

Première femme titrée à six Jeux olympiques

C'est l'histoire d'une surdouée. Née en Allemagne de l'Est en 1962 dans le contexte de la RDA, la fillette veut tout faire comme son frère Frank et le rejoint, à 6 ans, dans son club de canoë-kayak. Son père Karl, passionné de la discipline, devient son premier entraîneur. Sur l'eau de la rivière Havel, Birgit vole, glisse devant les yeux ébahis de son paternel qui l'inscrit tout de suite en sport-études, persuadé que sa fille a un don. Il n'a pas tort.

À 17 ans, Birgit Fischer décroche son premier titre de championne du monde en catégorie K4 (un kayak à quatre places), sur 500 mètres. L'année suivante, elle marque l'histoire de son sport et enfile sa première médaille d'or olympique aux Jeux de Moscou, en 1980, ce qui fait d'elle la plus jeune médaillée olympique de kayak !

Sa domination commence et dure vingt-quatre ans, au cours desquels elle participe à six Jeux olympiques, devenant la seule femme à gagner une médaille d'or à chaque fois. Parallèlement, elle cumule – en toute simplicité – 27 titres mondiaux. Et encore ! Son palmarès aurait pu être plus étoffé mais, en 1984, elle est absente des Jeux de Los Angeles, que les nations du bloc de l'Est boycottent après le pacte de Varsovie.

Ce n'est pas la seule fois que l'histoire géopolitique de son pays la touche directement. En 1989, après la chute du mur de Berlin, un voile de suspicions s'abat sur tous les athlètes de l'Allemagne de l'Est suite à la révélation d'un dopage d'État. Tous les privilèges que lui confère son statut d'immense championne cessent : elle doit même rendre la maison offerte par son gouvernement quelques années auparavant.

Le regard que l'on pose sur elle change. Mais hors de question pour Birgit de laisser dire qu'elle doit son palmarès au dopage. Alors qu'elle sort d'une pause de plusieurs années, pendant lesquelles elle a donné naissance à son enfant, elle retourne à l'entraînement et se jette à corps perdu dans une quête de validation. Sa dévotion finit par payer : en 1992, elle est sélectionnée dans l'équipe de l'Allemagne réunifiée pour les Jeux de Barcelone. Elle remporte l'or en K4 (et l'argent en K2 : kayak deux places) et conserve son titre aux Jeux d'Atlanta en 1996, à Sydney en 2000 et à Athènes en 2004 – où elle a failli ne pas concourir.

Pour cause, après les Jeux olympiques de 2000, Birgit Fischer déclare prendre sa retraite. Quelques années plus tard, alors qu'une équipe de tournage la suit dans le cadre d'un documentaire, on lui demande de monter dans un kayak et de donner quelques coups de pagaie. Ce retour sur l'eau fait instantanément surgir en elle l'envie de revivre une dernière fois les Jeux. Après une reprise de l'entraînement et une préparation folle, elle arrive à Athènes sans certitudes et en repart avec deux médailles, l'or en K4 et l'argent en K2 ! C'est la première athlète à être sacrée à vingt-quatre ans d'intervalle.

Birgit fait partie de celles qui prouvent que rien ne peut les arrêter dès lors qu'elles ont décidé de réussir.

> **Sur l'eau de la rivière Havel, Birgit vole, glisse devant les yeux ébahis de son paternel qui l'inscrit tout de suite en sport-études, persuadé que sa fille a un don.**

Comme quoi, dans la vie,
il faut parfois savoir ramer !

À la fin de l'envoi,
je touche... les médailles !

Laura Flessel-Colovic

FRANÇAISE – NÉE EN **1971** (POINTE-À-PITRE)

Première championne olympique d'épée

Son surnom est « la guêpe » : on redoute sa piqûre, comme ce fut le cas de ses adversaires tout au long de sa prodigieuse carrière d'escrimeuse. Une carrière commencée sur sa belle île natale, la Guadeloupe, où Laura Flessel décide en 1978 – elle a alors 7 ans –, après avoir vu un combat à la télévision, de devenir championne de sabre. Ce sera ça et rien d'autre, et surtout pas la danse que sa mère aurait préférée pour sa fille au caractère bien trempé.

Finalement, ce ne sera pas le sabre mais le fleuret, seule arme alors ouverte aux filles, puis l'épée, quand elle arrive en métropole pour poursuivre son apprentissage. Entre-temps, la jeune femme, au talent indéniable, a développé pour l'escrime une passion dévorante. L'épée est une arme qui autorise la touche sur tout le corps de l'adversaire et qui convient mieux à son tempérament, avec son engagement mental et physique total. Elle obtient son surnom de « guêpe » avec sa marque de fabrique : la touche aux pieds, la plus difficile. Une fois son baccalauréat en poche, Laura accumule les médailles. Elle remporte les plus belles d'entre elles en 1996, aux Jeux olympiques d'Atlanta, où l'épée féminine est disputée pour la première fois : deux médailles d'or, en individuel et en équipe. Les Français découvrent alors cette championne charismatique qui triomphera pendant plus de deux décennies : douze titres de championne de France entre 1993 et 2005, six titres mondiaux et cinq médailles olympiques.

En 2001, Laura Flessel devient mère et prouve que la maternité ne signifie pas la fin de sa carrière de haut niveau. Elle est de nouveau à l'entraînement six semaines après avoir accouché et n'échoue qu'en finale des Mondiaux, quatre mois seulement après avoir mis sa fille au monde. En 2012, à 41 ans, elle participe à ses cinquièmes et derniers Jeux à Londres, où elle est désignée porte-drapeau de la délégation française, qu'elle mène avec son sourire éclatant lors de la cérémonie d'ouverture. Elle n'y gagne pas de médaille, mais réussit ses adieux à la compétition. C'est la fin d'une très longue carrière et le début des combats associatifs – notamment en faveur des plus démunis – puis politiques : le 17 mai 2017, Laura Flessel est nommée ministre des Sports dans le gouvernement d'Édouard Philippe, sous la présidence d'Emmanuel Macron. Après avoir notamment travaillé sur l'organisation des Jeux de Paris 2024, elle quitte ses fonctions gouvernementales en septembre 2018. En mémoire de sa carrière exceptionnelle, le palais des sports de la ville de son enfance, Petit-Bourg, en Guadeloupe, porte son nom, comme plusieurs complexes sportifs partout en France.

> ***L'épée est une arme qui autorise la touche sur tout le corps de l'adversaire et qui convient mieux à son tempérament, avec son engagement mental et physique total.***

Stéphanie Frappart

FRANÇAISE — NÉE EN **1983** (LE PLESSIS-BOUCHARD)

Première femme à arbitrer un match de football professionnel masculin

8 août 2014, deuxième journée de Ligue 2. À Niort, le stade René-Gaillard accueille Brest pour un match de début de saison sans grand intérêt qui se termine par un 0-0. Pourtant, cette rencontre porte une dimension historique : pour la première fois de l'histoire du football masculin, l'arbitre central est une femme. À 30 ans et après onze ans à officier dans des matchs féminins, Stéphanie Frappart devient pionnière. Pour l'occasion, le président niortais lui offre un bouquet de fleurs à son entrée sur le terrain ; elle n'en fera aucune pendant les quatre-vingt-dix minutes qui suivront !

Il faudrait en fait tout un livre pour raconter toutes les fois où Stéphanie Frappart a coché la case de « première femme à »... Car depuis ce 8 août 2014, sa progression est aussi constante qu'impressionnante. Le 28 avril 2019, la voici en Ligue 1, au sifflet d'Amiens-Strasbourg. Le 6 septembre 2020, elle est la première femme à arbitrer une rencontre masculine internationale, un Malte-Lettonie en Ligue des nations. Mais son triomphe ne s'arrête pas là puisque lors de la dernière Coupe du monde de football masculine, en 2022, elle pose son empreinte de pionnière sur la compétition en arbitrant Costa Rica - Allemagne.

Que de chemin parcouru depuis ses 13 ans, quand elle décide de devenir arbitre alors qu'elle possède une licence de joueuse au CS Pierrelaye, en Île-de-France, où elle porte le numéro 10. Joueuse, c'est bien, arbitre, c'est mieux : davantage d'avenir, de perspectives et une place à se faire. Depuis toujours, Stéphanie Frappart voit plus loin. Pour elle et pour les prochaines femmes arbitres.

Honorée à de nombreuses reprises, elle figure, en 2021, dans le classement des « 30 personnalités qui font le football » établi par le journal *L'Équipe*.

Discrète, peu intéressée par la lumière et l'attention médiatique, Frappart veut qu'on retienne sa fonction plus que son genre, ses compétences plus que ce qu'elle incarne. Difficile pour cette introvertie de braver la curiosité collective (et légitime) que génèrent son parcours et sa personnalité.

Lorsqu'elle parle des tracas qu'elle a pu rencontrer en tant que femme, elle assure être préservée des grossièretés que s'autorisent parfois les joueurs avec les arbitres masculins, et d'une forme de confrontation physique qui survient parfois. Mais elle a bien quelques anecdotes. Comme cette fois où un joueur lui a lancé : « Je dois vous appeler monsieur ou madame ? » Et de lui répondre, sans ciller, tout simplement : « Vous trouvez que j'ai l'air de quoi ? » L'air d'une femme qui marque l'histoire du football.

> **« Cette rencontre porte une dimension historique : pour la première fois de l'histoire du football masculin, l'arbitre central est une femme. »**

Comme arbitres, les femmes font un carton !

C'est pas le moment d'avoir le nez qui gratte !

Janja Garnbret

SLOVÉNIENNE – NÉE EN **1999** (ŠMARTNO PRI SLOVENJ GRADCU)

Première championne olympique d'escalade

On peut peser moins de 50 kilos et être un poids lourd de son sport : la preuve avec Janja Garnbret, la reine actuelle de l'escalade. La jeune Slovène a déjà tout gagné et ne cesse d'épater son monde !

Elle commence l'escalade à l'âge où l'on entre à l'école primaire et participe, à 8 ans, à sa première compétition nationale. À 14 ans, c'est au niveau international qu'elle s'attaque : elle triomphe aux Championnats d'Europe de la jeunesse, sa première compétition majeure. À 16 ans, elle participe à la Coupe du monde d'escalade et y remporte de nombreuses épreuves, en difficulté – il s'agit de grimper le plus haut possible sur un mur de 15 mètres, en 6 minutes, sans connaître la voie en avance – comme en bloc – il faut escalader des structures de 4,5 mètres de haut, sans corde et dans un temps contraint. Pendant la saison 2019, elle gagne les six étapes de bloc de la Coupe du monde : une première pour une femme ! Jusqu'à la consécration ultime : lors de l'introduction de l'escalade aux Jeux olympiques de Tokyo en 2021, elle remporte l'épreuve combinée – qui rassemble les trois disciplines de l'escalade, difficulté, bloc et vitesse –, et devient ainsi la première championne olympique d'escalade. Trois mois plus tard, à Oliana en Espagne, elle marque encore davantage l'histoire de son sport en réussissant « à vue » – c'est-à-dire à la première tentative – une voie cotée 8c, soit la meilleure performance féminine à ce niveau.

Janja Garnbret vise désormais un doublé olympique à Paris, où l'escalade va connaître ses deuxièmes Jeux de l'histoire dans un nouveau format : il y aura en 2024, sur le site du Bourget, deux épreuves distinctes qui sacreront deux champions et deux championnes olympiques ; une première combinant bloc et difficulté, une seconde de vitesse. L'occasion pour elle de décrocher non pas une, mais deux médailles d'or.

En attendant, elle met à profit son rôle d'ambassadrice de cette discipline ayant fortement gagné en popularité au cours des vingt dernières années avec son image jeune et mixte – près de la moitié de ceux qui la pratiquent dans le monde ont moins de 18 ans. Janja a notamment pris la parole sur un fléau dans l'escalade sportive, pour laquelle il faut combattre la gravité et où le poids du grimpeur ou de la grimpeuse joue un rôle important : les troubles des comportements alimentaires (TCA). Elle évoque le perfectionnisme alarmant d'athlètes de plus en plus maigres ainsi que la responsabilité des instances qui doivent les aider. « Nous avons tous le pouvoir de changer la culture des troubles alimentaires dans le sport, en changeant la façon dont nous parlons de nourriture, de notre corps, de notre image […]. Nous ne voulons pas former une génération de squelettes. »

> *Janja évoque le perfectionnisme alarmant d'athlètes de plus en plus maigres ainsi que la responsabilité des instances qui doivent les aider.*

Marjorie Gestring

AMÉRICAINE – **1922** (LOS ANGELES) - **1992** (HILLSBOROUGH)

Plus jeune championne olympique de l'histoire

On peut avoir la trajectoire d'une étoile filante et laisser sa trace pour toujours dans l'univers du sport. C'est le cas de Marjorie Gestring qui demeure aujourd'hui la plus jeune médaillée d'or de l'histoire des Jeux olympiques. Phénomène, exemple de précocité, elle remporte à 13 ans et 268 jours la médaille d'or au plongeon à 3 mètres, aux JO de Berlin, en 1936. Ces Jeux tristement célèbres sont marqués par l'empreinte du nazisme, les croix gammées y côtoient les anneaux olympiques ; la plongeuse américaine émerveille le public venu nombreux pour admirer les performances du petit prodige.

Deuxième aux qualifications, Marjorie Gestring réussit un impeccable plongeon en finale et devance ses compatriotes Katherine Rawls et Dorothy Poynton Hill devant 15 000 spectateurs, épatés par son sang-froid. Ce sera malheureusement son unique expérience olympique. Bien que Gestring continue ensuite de dominer sa discipline, les Jeux olympiques de Tokyo, en 1940, et ceux de Londres, en 1944, sont annulés à cause de la Seconde Guerre mondiale ; elle est très certainement privée d'une ou deux autres médailles.

Elle décroche huit titres nationaux, mais échoue à défendre son titre olympique lors des Jeux de 1948. À 25 ans, elle s'incline en effet, à la quatrième place, lors des sélections américaines, et n'est pas prise dans l'équipe nationale. Entrée au Hall of Fame de la natation en 1976, elle est la plus jeune championne olympique de l'histoire – hommes et femmes confondus – et devrait le rester puisque la limite d'âge des participants pour le plongeon est désormais fixée à 14 ans. Quelques semaines après la mort de Gestring, en 1992, la Chinoise Fu Mingxia est sacrée championne olympique de haut vol aux Jeux de Barcelone, mais elle a déjà 13 ans et... 334 jours.

Bien que Gestring continue ensuite de dominer sa discipline, les Jeux olympiques de Tokyo, en 1940, et ceux de Londres, en 1944, sont annulés à cause de la Seconde Guerre mondiale.

Et hop! Dans le grand bain!

Les femmes noires peuvent aussi être championnes de la balle jaune !

Althea Gibson

AMÉRICAINE – **1927** (SILVER) - **2003** (EAST ORANGE)

Première joueuse de tennis noire à remporter un titre du Grand Chelem

C'est l'histoire d'une athlète brillante, solaire et pionnière à bien des égards, que l'on a « oublié » de raconter pendant des années avant qu'Althea Gibson ne revienne dans la lumière. En 2019, une statue à l'effigie de la joueuse américaine est inaugurée au Centre national de tennis Billie-Jean-King, devant le stade Arthur-Ashe, à New York. Un hommage, soixante ans après ses exploits, à celle qui a ouvert la voie à de nombreux champions africains-américains en surmontant un à un les nombreux obstacles présents sur le chemin d'une athlète noire, née dans une famille pauvre en Caroline du Sud, dans les années 1920. À commencer par la ségrégation raciale qui l'empêche, pendant de longues années, de jouer contre des Blancs ou de dormir dans les mêmes hôtels qu'eux.

Guidée par des militants des droits civiques qui ont repéré ses qualités sportives hors du commun, la jeune fille s'illustre d'abord dans les compétitions réservées aux Noirs, les portes des US National Championships, ancêtres de l'US Open, le tournoi du Grand Chelem américain, lui étant fermées jusqu'en 1950. En 1956, à Roland-Garros, elle devient la première femme noire à gagner un titre du Grand Chelem, douze ans avant Arthur Ashe chez les hommes et plus de quarante avant les sœurs Williams. Elle s'impose ensuite à Wimbledon et c'est la reine d'Angleterre Elizabeth II en personne qui lui remet son trophée. Un défilé grandiose en son honneur est même organisé dans les rues de New York et elle reçoit le Bronze Medallion, la plus haute distinction de la ville. En trois ans, elle remporte pas moins de cinq tournois du Grand Chelem en simple, onze en comptant les doubles.

Victorieuse de 56 tournois, Althea met prématurément fin à sa carrière amateur en 1958, pour cause de difficultés financières, et se lance ensuite… dans le golf ! Elle est la première femme noire à participer à une compétition nationale et atteint la vingt-septième place mondiale du circuit professionnel de golf féminin. Sa carrière sportive terminée, elle œuvre jusqu'à la fin de sa vie, dans un relatif anonymat, pour la promotion du tennis dans les quartiers défavorisés. Lors de son décès en 2003, Serena Williams, qui fut en 1999 la première Africaine-Américaine depuis Gibson à remporter un tournoi du Grand Chelem, lui rend un vibrant hommage : « Althea m'a donné la fierté d'être noire. Elle a été pionnière pour tout le tennis, pas seulement le tennis féminin. »

> ***La ségrégation raciale l'empêche, pendant de longues années, de jouer contre des Blancs ou de dormir dans les mêmes hôtels qu'eux.***

Eileen Gu

CHINOISE-AMÉRICAINE – NÉE EN **2003** (SAN FRANCISCO)

Première femme à réaliser un double Cork 1 440 avant en ski acrobatique

C'est en véritable star qu'elle arrive aux Jeux olympiques de Pékin, en 2022. Eileen Gu – 18 ans à peine – est au centre de toutes les attentions, alors qu'il s'agit de ses premiers Jeux.

Il faut dire que l'année précédente, la Chinoise a remporté trois médailles aux X Games d'Aspen, véritable compétition de référence en ski *freestyle*. Une médaille d'or en *slopestyle*, une autre en *halfpipe* et une médaille de bronze en *big air* : avant elle, personne n'avait fait mieux. Quelques semaines plus tard, elle a été sacrée championne du monde de *slopestyle* et de *halfpipe*. Elle est la première à réaliser cet exploit monumental, hommes et femmes confondus !

Mais c'est en novembre de cette année 2021 qu'elle marque définitivement les esprits. Lors d'un entraînement en Autriche, elle s'élance et tente un double Cork 1 440 avant, c'est-à-dire quatre rotations dans les airs à 360 degrés. Le temps se suspend en même temps qu'elle. Un. Deux. Trois. Quatre ! Eileen Gu retombe sur ses skis sans une once de déséquilibre et met quelques secondes avant de lever les bras, dans le silence d'une séance d'entraînement sans spectateurs. Elle crie, seule, agite les mains en direction de son entraîneur… Elle vient de devenir la première femme de l'histoire à réaliser cette figure aussi audacieuse que pratiquement impossible.

Eileen débarque donc aux Jeux olympiques de Pékin, trois mois plus tard, avec un statut de favorite. Elle est chez elle depuis qu'elle a décidé de concourir sous les couleurs de la Chine plutôt que sous celles des États-Unis, pays d'origine de son père. La skieuse est née à San Francisco et possède la double nationalité mais, en 2019, elle a choisi le pays de sa mère « pour inspirer des millions de jeunes Chinois » ; depuis, elle est la cible de nombreuses critiques tant le passif géopolitique entre les deux pays est présent. Mais la jeune Chinoise tient tête. Sa motivation ? Le projet du gouvernement d'encourager la pratique des sports d'hiver.

Elle quitte les Jeux olympiques avec deux médailles d'or, une de bronze et une popularité encore plus grande. Les contrats pleuvent. Elle pose pour le magazine *Vogue*, défile pour Louis Vuitton… En 2022, elle est la quatrième sportive la mieux payée de l'année après les joueuses de tennis Naomi Osaka, Serena Williams et Emma Raducanu. Cette même année, elle fait partie des cent personnes les plus influentes du monde, selon *Time*. Eileen Gu casse les codes, ouvre l'univers du ski *freestyle* au grand public et met en lumière les exploits d'un monde parfois fermé, pratiqué et observé par des initiés.

Véritable icône des jeunes Chinois, elle est suivie par près de deux millions de personnes sur Instagram, qui aiment autant la voir sur des skis que sur des podiums. Elle occupe aussi les bancs de l'université de Stanford, aux États-Unis, et le fauteuil de son piano dont elle joue brillamment.

À la question « Y a-t-il quelque chose qu'Eileen Gu ne sache pas faire ? », la réponse semble être non.

> **« Eileen Gu casse les codes, ouvre l'univers du ski *freestyle* au grand public et met en lumière les exploits d'un monde parfois fermé, pratiqué et observé par des initiés.**

Le Cirque du Soleil
à moi toute seule !!!

Il faut toujours viser la Lune...
... car au pire, on tape pile dans la lucarne !

Mia Hamm

AMÉRICAINE – NÉE EN **1972** (SELMA)

Première star mondiale du football

Elle a incarné le football féminin pendant toutes les années 1990, alors que le sport connaissait un essor considérable auprès des jeunes Américaines. « Mia », née Mariel Margaret Hamm en 1972 dans l'Alabama, est un formidable modèle pour ses compatriotes. Rien d'évident au départ pour celle qui naît avec une malformation à un pied et doit porter des chaussures correctives pendant toute son enfance. Cela ne l'empêche pas de toucher son premier ballon à 2 ans ! Une précocité qui la caractérise : à 10 ans, elle domine les garçons avec lesquels elle joue. À 15, elle devient la plus jeune joueuse de l'histoire à porter le maillot américain. Et à 19, elle participe à la première Coupe du monde de football féminin de l'histoire, organisée en Chine. Elle marque par deux fois, dont un but décisif lors du premier match contre la Suède, et six matchs plus tard, elle est la plus jeune joueuse à gagner la Coupe du monde !

Désormais inamovible au sein de l'équipe américaine, véritable star dans son pays, la voilà mondialement connue en 1996, quand elle participe largement à la victoire aux Jeux olympiques d'Atlanta. Les Américains se passionnent pour la compétition et remplissent les stades. En 1999, nouvelle victoire en Coupe du monde, elle aussi à la maison ; le succès est total. Mia Hamm joue les six matchs, dont la finale que les États-Unis remportent en battant la Chine aux tirs au but, devant plus de 90 000 spectateurs dans le stade olympique d'Atlanta – un record. En 2000, elle décroche l'argent des Jeux de Sydney, en 2003, le bronze de la Coupe du monde. Puis, l'apothéose : pendant son dernier tournoi olympique, en 2004, à Athènes, elle termine avec un deuxième titre après avoir été porte-drapeau de la délégation américaine.

Mia met ensuite un terme à une carrière longue de dix-sept ans en équipe nationale. Ses 275 sélections et 158 buts font d'elle la meilleure buteuse de l'histoire du football américain, hommes et femmes confondus. Véritable légende du sport américain, l'attaquante est à l'origine de la médiatisation du football dans le monde entier ; elle est l'une des seules femmes – avec sa compatriote Michelle Akers – apparaissant sur la FIFA 100, la liste des 125 plus grands joueurs de football vivants. Quel pied !

> *« Rien d'évident au départ pour celle qui naît avec une malformation à un pied et doit porter des chaussures correctives pendant toute son enfance. »*

Becky Hammon

RUSSE-AMÉRICAINE – NÉE EN **1977** (RAPID CITY)

Première entraîneuse principale d'une équipe de NBA

Elle est destinée à affronter les difficultés : c'est ainsi qu'aime se décrire Becky Hammon quand elle évoque sa carrière de joueuse, puis d'entraîneuse de basket. À faire tomber les barrières, aussi, pourrait-on ajouter à propos de celle qui a été la première entraîneuse adjointe à temps complet d'une équipe de NBA, la célèbre ligue américaine masculine.

Avant cela, elle a dû vaincre de nombreux obstacles pour s'affirmer comme joueuse professionnelle, alors que sa petite taille (1,68 mètre, le basket est friand de grands gabarits) et son relatif manque de vitesse poussaient les universités à la laisser de côté. Aucune fac de renom ne veut d'elle ? Eh bien, elle va briller chez les Rams de l'université du Colorado, où elle bat tous les records. La WNBA, le championnat d'élite féminin, la boude quand elle termine ses études ? Elle s'engage comme « joueuse libre » avec le Liberty de New York, qui ne le regrettera pas : en sept saisons dans la Grosse Pomme, elle participe à trois finales (1999, 2000 et 2002) ! L'équipe nationale américaine ne s'intéresse que moyennement à elle ? Elle réalise son rêve d'aller aux Jeux olympiques en prenant la nationalité russe, ce qui lui vaudra d'être considérée comme une « traîtresse » par la sélectionneuse américaine.

Becky Hammon gagne dès sa première compétition le bronze, en 2008, aux Jeux olympiques de Pékin, puis l'argent au Championnat d'Europe 2009. Elle a rejoint entre-temps les Silver Stars de San Antonio, où on la surnomme « *Big Shot Becky* », en référence à sa capacité à marquer des paniers dans les moments décisifs. Fidèle à la franchise texane qu'elle emmène en *playoff* durant sept de ses huit saisons, elle est en 2016 la première joueuse de San Antonio à voir son maillot « retiré » ; autrement dit, aucune joueuse ne pourra jamais utiliser son numéro (25). Une consécration ! Elle fait alors partie du staff de la franchise… côté masculin, chez les célèbres Spurs du Français Tony Parker ! Commencée en 2013 comme un simple stage d'observation pour se former à devenir coach, l'expérience est rapidement concluante ; Hammon prend de plus en plus d'importance au sein de l'équipe menée par l'emblématique coach, Gregg Popovich, qui dit simplement d'elle : « Elle a des avis, et des avis solides, sur le basketball. » En 2014, elle est engagée comme entraîneuse adjointe, une nouveauté pour une femme – un précédent ayant existé, mais Lisa Boyer, à Cleveland, n'avait exercé qu'à domicile.

Becky Hammon devient ensuite la première femme sur le banc du NBA All-Star Game, le Match des étoiles du championnat, puis, alors qu'elle est devenue l'adjointe numéro un de « Pop », elle entre dans l'histoire le 30 décembre 2020 quand celui-ci est expulsé et qu'elle le remplace à la tête de l'équipe. Elle est depuis l'entraîneuse numéro un de la franchise WNBA des Aces de Las Vegas, avec qui elle a remporté d'emblée le championnat et le titre de meilleure coach de l'année. Aucun obstacle ne semble pouvoir lui résister !

> ***Elle réalise son rêve d'aller aux Jeux olympiques en prenant la nationalité russe, ce qui lui vaudra d'être considérée comme une « traîtresse » par la sélectionneuse américaine.***

Messieurs, il va falloir saisir la balle au bond !
BH

Parce que dans la vie, il y a mieux que les paniers... de courses !

Lusia Harris

AMÉRICAINE – **1955** (MINTER CITY) - **2022** (GREENWOOD)

Première basketteuse à avoir été *draftée* en NBA

On la surnommait « *queen of basketball* », « la reine du basket-ball », tant sa domination – même de courte durée – fut forte. La trace de Lusia Harris dans l'histoire du jeu demeure éternelle. Pourtant, son enfance modeste dans le Mississippi ne la prédestinait pas à être une star de la balle orange.

Dans les années 1970, aux États-Unis, c'est la naissance du Championnat universitaire féminin, avec beaucoup de retard sur son pendant masculin, et Lusia en est la première vedette. Et un symbole fort : elle est la seule joueuse noire de son équipe. Au poste de pivot, l'athlète d'1,91 mètre est puissante, agressive et elle devient triple championne NCAA (National Collegiate Athletic Association) avec l'université de Delta State, à Cleveland. Elle intègre ensuite l'équipe nationale et, en 1976, participe au premier tournoi olympique féminin aux Jeux de Montréal : elle marque les premiers points du basket féminin aux JO et les États-Unis décrochent l'argent, derrière l'URSS.

Mais c'est ce qui se passe l'année suivante qui fait entrer pour de bon Lusia Harris dans les livres d'histoire : en 1977, elle est tellement forte que la NBA, le célèbre championnat américain masculin de basket, s'intéresse à elle ! Elle est sélectionnée par le club du New Orleans Jazz lors de la *draft*, la bourse aux joueurs – et donc à la joueuse – au cours de laquelle toutes les équipes choisissent un ou plusieurs espoirs.

Il y avait eu un précédent quand, en 1969, Denise Long avait été *draftée* par les San Francisco Warriors. Mais la ligue professionnelle américaine avait annulé sa sélection. Lusia Harris est donc bien la première femme choisie lors d'une *draft* masculine et restera sans doute la seule puisqu'il existe désormais un équivalent féminin à la NBA : la WNBA (Women National Basket Association).

En revanche, Harris n'est pas devenue la première femme à jouer dans l'élite avec les hommes, car elle ne s'est jamais présentée au New Orleans Jazz, pour une bonne cause : elle était enceinte ! Cela ne l'empêche pas d'être par la suite la première joueuse noire à intégrer le Hall of Fame du basket. Le court métrage qui raconte son histoire a remporté un Oscar en 2021. Il s'appelle tout simplement *The Queen of Basketball*.

> **« En 1977, elle est tellement forte que la NBA, le célèbre championnat américain masculin de basket, s'intéresse à elle ! »**

Ada Hegerberg

NORVÉGIENNE – NÉE EN **1995** (MOLDE)

Première footballeuse à gagner le Ballon d'or

Voilà une fille en or ! Par son talent, ses engagements, et parce que Ada Hegerberg restera celle qui a remporté le premier Ballon d'or féminin de l'histoire. Car oui, il aura fallu attendre 2018 pour que soit enfin récompensée la meilleure joueuse de football de l'année. La version masculine, elle, existait depuis… 1956.

Le 3 décembre 2018, la remise du trophée n'est pas seulement marquée par son côté historique pour le sport féminin, mais aussi par une scène d'un autre temps : l'un des animateurs de la cérémonie demande à la footballeuse tout juste primée si elle sait « twerker », du nom de cette danse où l'on remue les fesses. Une réflexion pas vraiment appropriée à celle qui vient de livrer un discours inspirant sur l'importance du trophée pour son sport : « C'est une grande étape pour le football féminin. Je veux terminer en m'adressant aux jeunes filles à travers le monde : s'il vous plaît, croyez en vous ! »

Une prise de parole qui symbolise bien son engagement pour l'égalité entre les joueuses et les joueurs. Car la Norvégienne est connue pour être la footballeuse qui a dit non. Non à la sélection de son équipe nationale, dont elle était le fer de lance, pour dénoncer notamment les inégalités entre hommes et femmes dans les primes versées par la Fédération norvégienne. Elle rate ainsi la Coupe du monde 2019 en France et ne reviendra en équipe nationale que cinq ans après son retrait, enfin satisfaite des avancées réalisées. Lors de son match retour, le 7 avril 2022, elle marque un triplé et est élue joueuse du match.

D'ailleurs, on en oublierait presque de parler du talent d'Ada Hegerberg, l'intraitable et inarrêtable attaquante, capable dès le plus jeune âge d'enchaîner les buts. Le phénomène a rapidement été repéré par les plus grands clubs d'Europe, devenant international à 15 ans. Et c'est en France, à l'Olympique lyonnais – premier grand club à investir dans le football féminin sous la houlette de son président, Jean-Michel Aulas –, qu'elle va se révéler au plus haut niveau et accumuler titres et distinctions individuelles. En 2016, l'OL remporte un premier triplé Championnat / Ligue des champions / Coupe de France, et la patronne de son attaque – toujours coiffée de sa tresse d'inspiration nordique – le titre de meilleure buteuse. Depuis, elle l'a été à nouveau plusieurs fois dans toutes ces compétitions et a fait tomber des barrières : elle est la première femme à avoir marqué un triplé en finale de la Coupe d'Europe, en 2019. Meilleure buteuse de l'histoire, elle est aussi la première joueuse à marquer dans quatre finales différentes. Forte de l'un des palmarès individuels et collectifs les plus étoffés de son sport, Ada Hegerberg continue aujourd'hui d'en écrire la légende. Et elle n'est pas là pour danser !

> *La Norvégienne est connue pour être la footballeuse qui a dit non.*

Un Ballon d'or pour un pied en or !

Le plus lourd, ce sont les préjugés…

Laurel Hubbard

NÉO-ZÉLANDAISE – NÉE EN **1978** (AUCKLAND)

Première athlète transgenre à participer aux JO

Elle incarne la difficile intégration des athlètes transgenres dans les compétitions sportives. Aux Jeux olympiques de Tokyo en 2021, l'haltérophile néo-zélandaise Laurel Hubbard est au centre de toutes les attentions. Et pas vraiment pour son niveau sportif : à 43 ans, elle est plutôt proche de la retraite et pointe à la seizième place mondiale dans la catégorie des plus de 87 kilos. Non, si le monde l'observe, c'est parce que c'est la première athlète transgenre à participer à des Jeux.

Née garçon en 1978, elle met trente-quatre ans avant de faire son *coming out* trans. Avec le recul, quelques années plus tard, elle pense avoir choisi l'haltérophilie, un sport jugé plutôt masculin, pour s'aider à l'être davantage. Elle confie à la presse de son pays : « Je me disais : peut-être que si je pratique un sport d'homme, c'est ce que je vais devenir. Malheureusement, ça n'a pas été le cas. »

Avant de se libérer du poids immense créé par la sensation d'être née dans un mauvais corps, Laurel Hubbard s'appelle Gavin et représente un grand espoir de la discipline en établissant des records nationaux en compétition junior. Cela ne l'empêchera pas d'amorcer sa transition vers celle qu'elle veut être et qu'elle est déjà, une femme, puis de poursuivre la pratique de l'haltérophilie. Elle entame son hormonothérapie en 2012 et, avec la preuve biologique de son taux de testostérone compatible (celui-ci doit être inférieur à 10 nanomoles par litre, durant au moins douze mois), elle est autorisée en 2017 par le Comité international olympique à concourir avec les femmes.

La voilà aux Jeux du Commonwealth l'année suivante, mais une blessure la contraint à l'abandon alors qu'elle était en tête. En 2019, elle remporte l'or aux Jeux du Pacifique, affrontant à chaque fois les regards condescendants et réprobateurs de ses rivales et du public.

Quand elle arrive à Tokyo pour les Jeux olympiques, la pression est énorme ; plusieurs concurrentes dénoncent sa présence qu'elles trouvent injuste. Tim Swords, l'entraîneur de la médaillée américaine Sarah Robles, lâche devant les médias : « Personne ne veut que Laurel gagne. » Malgré tout, la Néo-Zélandaise fait face, soutenue par son pays, et prend part à la compétition en tentant une fois 120 kilos et deux fois 125 kilos. Le lendemain, elle annonce sa retraite sportive.

Peu importe le résultat. Ce qu'on retient, c'est sa présence à Tokyo et ce qu'elle a incarné, ce 2 août 2021, nourrissant le débat de l'équité autour des athlètes transgenres et devenant presque un objet politique.

« Je me disais : peut-être que si je pratique un sport d'homme, c'est ce que je vais devenir. Malheureusement, ça n'a pas été le cas. »

Sarah Hunter

ANGLAISE – NÉE EN **1985** (NORTH SHIELDS)

Joueuse de rugby la plus capée de l'histoire de l'Angleterre

Samedi 25 mars 2023. Il est 16 heures 45, le stade Kingston Park de Newcastle résonne et vibre d'un coup, enveloppé dans une immense émotion. Sarah Hunter vient d'entrer sur le terrain et s'apprête à disputer son dernier match avec le maillot de l'Angleterre. Face à l'Écosse en ouverture du Tournoi des Six Nations, la capitaine emblématique du XV de la Rose tire sa révérence après 140 sélections. Un chiffre qui fait d'elle la joueuse la plus capée de l'histoire du rugby anglais, hommes et femmes confondus.

À 37 ans, Hunter fait ses adieux à sa première vie, là où tout a commencé, à Newcastle, dans le nord de l'Angleterre. Petite, c'est d'abord vers le rugby à XIII qu'elle se tourne. À son arrivée au collège, en 1999, elle comprend que le niveau universitaire du rugby à XV est bien plus intéressant. Très vite, elle tape dans l'œil des observateurs de la Fédération, qui viennent régulièrement dans les écoles assister à des matchs pour dénicher les futures pépites.

Appelée dans les sélections « jeunes », elle franchit les étapes une par une, impeccable et au-dessus du lot. En 2007, à 21 ans, elle obtient sa première cape avec le maillot de l'Angleterre, contre l'Écosse. Et puis tout s'enchaîne. Sarah Hunter devient un membre indéboulonnable de la troisième ligne des Red Roses ; championne du monde en 2014, capitaine en 2015, élue meilleure joueuse du monde en 2016, elle remporte un grand chelem en 2017, 2018, 2021 et 2022. Hunter écrit sa légende et fait office d'exemple, participant largement à la ferveur populaire dans son pays autour du rugby féminin.

Elle connaît tout : la gloire, les éternelles défaites en finale de Coupe du monde face à la Nouvelle-Zélande, la professionnalisation du rugby féminin en Angleterre ; elle figure parmi les premières femmes à signer des contrats avec la Fédération.

Jusqu'à ce 25 mars 2023. Elle le confesse : ce qui la rend heureuse, c'est d'avoir choisi le moment de son départ, de pouvoir dire au revoir correctement au terrain, à Newcastle, chez elle, face à l'Écosse, comme lors de sa première sélection. Ce jour-là, le public est venu essentiellement pour elle ; le match qui suit est presque dérisoire. La princesse Anne a fait le déplacement pour l'occasion et se lève en son honneur. Ses adversaires écossaises du jour exécutent une haie d'honneur. Après une heure de jeu, elle est remplacée et quitte le terrain, un sourire immense et très ému sur le visage.

Elle peut se féliciter d'avoir contribué à démocratiser la pratique du rugby féminin et encouragé des centaines de petites filles à aller au bout de leurs rêves ovales.

Ce jour-là, le public est venu essentiellement pour elle ; le match qui suit est presque dérisoire.

Je plaque ceux qui sont à côté de la plaque !

C'est ce qui s'appelle faire le grand saut !

Yelena Isinbayeva

RUSSE – NÉE EN **1982** (VOLGOGRAD)

Première femme à franchir la barre des 5 mètres en saut à la perche

Yelena Isinbayeva, surnom : « la tsarine ». Peu d'athlètes ont marqué l'histoire de leur sport comme elle a marqué l'histoire du saut à la perche.

Pendant quasiment dix ans, Isinbayeva a régné sur sa discipline. De son premier titre olympique en 2004 à son ultime titre mondial, chez elle, à Moscou, en 2013, la perchiste a été une figure incontournable de l'athlétisme, de celles qu'on se hâte d'aller voir concourir, de celles qui créent l'événement à chaque apparition.

Tout commence à Volgograd, dans l'ouest de la Russie. Yelena a 15 ans et mesure déjà 1,74 mètre. On lui souffle à l'oreille d'arrêter la gymnastique artistique pour s'essayer au saut à la perche. Un conseil avisé… À peine un an plus tard, l'adolescente remporte les Jeux de la jeunesse organisés à Moscou en franchissant 4 mètres. Le ton est donné.

Pendant l'été 2005, alors en possession du record du monde, d'un titre mondial en salle et de l'or olympique gagné à Athènes l'année précédente, la Russe débarque au meeting de Crystal Palace avec une obsession : devenir la première femme à passer la barre des 5 mètres. Voilà un moment qu'elle flirte avec, grapillant à chaque fois quelques centimètres supplémentaires. Le meeting se passe bien : Isinbayeva efface son précédent record en sautant à 4,96 mètres. Elle aurait pu s'en contenter mais c'est mal la connaître. Aux officiels, elle demande de monter la barre à 5 mètres. Elle l'avoue sans difficulté : elle a déjà franchi plusieurs fois cette hauteur à l'entraînement. Reste à le faire en compétition officielle. Isinbayeva prend son élan et démarre ; le temps est suspendu à son saut, les regards rivés sur cette barre qui ne tremble pas, ne tombe pas. Le 22 juillet 2005, la Russe devient la première femme à franchir les 5 mètres.

Deux fois championne olympique, six fois championne du monde, trois fois championne d'Europe, Yelena Isinbayeva est toujours détentrice du record du monde : 5,06 mètres, sautés le 28 août 2009 à Zurich.

Outre ses immenses performances sportives, la Russe a aussi marqué son temps en monnayant très cher ses apparitions (50 000 euros par compétition) et en signant d'énormes contrats avec ses sponsors. Elle est, pendant des années, l'athlète la mieux payée au monde, avant de se faire doubler par un certain Usain Bolt en 2010.

Proche de Vladimir Poutine, elle crée la polémique en soutenant la loi russe interdisant la « propagande homosexuelle », ses positions provoquant un malaise dans le monde de l'athlétisme. Malgré cela, elle est membre du Comité international olympique depuis 2016.

> *Aux officiels, elle demande de monter la barre à 5 mètres. Elle l'avoue sans difficulté : elle a déjà franchi plusieurs fois cette hauteur à l'entraînement.*

Ons Jabeur

TUNISIENNE – NÉE EN **1994** (KSAR HELLAL)

Première joueuse africaine à atteindre une finale de Grand Chelem

En Tunisie, on l'appelle « la ministre du bonheur ». Alors que le pays est traversé par une importante crise économique et sociale, Ons Jabeur est un rayon de soleil. Depuis qu'elle a marqué les esprits du monde entier, en janvier 2020, en crevant l'écran à l'Open d'Australie (au cours duquel elle s'arrête en quart de finale), la jeune femme est l'une des joueuses les plus populaires du circuit. Dans son pays, chacun de ses matchs constitue désormais un événement.

Le 7 juillet 2022, Ons Jabeur se qualifie pour la finale de Wimbledon en battant l'Allemande Tatjana Maria. C'est la première fois de l'histoire du tennis qu'une joueuse africaine atteint ce stade d'un Grand Chelem. Elle échoue face à Elena Rybakina mais rentre chez elle en véritable héroïne ; le président lui passe un coup de fil, elle fait la une de tous les journaux, et une foule l'attend à sa sortie de l'avion, pleine d'amour et de fierté. Un phénomène est né.

Pourtant, il existe, plus discrètement, depuis un petit moment déjà. Première joueuse arabe à remporter la finale juniors de Roland-Garros, à entrer dans le top 10 mondial, à décrocher un titre en WTA 1000 (la catégorie de tournoi juste en dessous du Grand Chelem) à Madrid… Jabeur est même choisie par Serena Williams pour jouer en double à Eastbourne, alors que l'Américaine fait son grand retour à la compétition en juin 2022.

Un destin magnifique et inspirant. Car, au départ, personne n'y croyait véritablement. La jeune femme se souvient, par exemple, de ce tournoi en France en 2008. Alors que sa mère lui prépare sa valise, les organisateurs l'alertent : « Ne prévoyez que deux ou trois tenues pour Ons. » Ils ne pensent pas que l'adolescente de 12 ans puisse aller plus loin que le deuxième tour. Elle y restera onze jours et devra laver ses affaires dans le lavabo de sa chambre, tous les soirs, au fur et à mesure de la compétition.

Depuis son plus jeune âge, Jabeur possède une force de travail inouïe. Petit à petit, les instances commencent à croire en elle ; elle obtient même la bourse Grand Chelem, qui l'aide à atteindre le haut niveau.

Elle se bat aujourd'hui pour que le tennis soit accessible à toutes et tous, quels que soient le niveau social et le pays d'origine. Elle parle ouvertement des subventions publiques et privées qu'il faut pour mener une grande carrière professionnelle. Dans les clubs de son pays, des petites filles l'érigent en modèle et on évoque désormais la « génération Ons Jabeur » ; elles veulent jouer comme leur star préférée, analysent au millimètre près chacun de ses coups, ses placements sur le court, ses services, miment ses attitudes quand elle gagne un point.

La Fédération tunisienne se délecte de ses nouveaux chiffres : 30 000 licenciés et une cinquantaine de clubs, soit un tiers de plus qu'il y a quelques années. Dans ce pays où le football est roi et où les sports collectifs comme le handball ou le volley sont parmi les plus pratiqués, Ons Jabeur fait évoluer les chiffres et crée des vocations.

> ***Alors que sa mère lui prépare sa valise, les organisateurs l'alertent : « Ne prévoyez que deux ou trois tenues pour Ons. »***

Une autre forme de balade en raquette !

Encore mieux qu'un tigre dans le moteur !

Helen Johansson

SUÉDOISE – NÉE EN **1961** (VAGGERYD)

Première femme à remporter le Prix d'Amérique

Sa main droite tient son cheval Ina Scot, la gauche lève le poing fièrement. Dans sa combinaison blanche à manches rouges ornée de sponsors, Helen Johansson exulte et hurle de joie, encore installée dans son sulky, sa voiture hippomobile à deux roues. Autour d'elle, une horde de journalistes l'assaille de questions, la prend en photo, l'observe avec curiosité. Ce 29 janvier 1995, la Suédoise est la première femme à remporter le Prix d'Amérique, l'une des plus prestigieuses courses hippiques au monde, qui rassemble les meilleurs chevaux de la planète.

Quelques minutes plus tôt, elle marquait déjà l'histoire en devenant, à 33 ans, la première femme à participer à cette mythique course de trot attelé, au terme de laquelle le vainqueur remporte un million d'euros.

C'est son mari, Kjell P. Dahlström, qui devait être le *driver* d'Ina Scot. Mais, sans hésiter, il laisse sa place à Helen car il estime que la jument a plus de chances de faire parler sa vitesse si elle a moins de poids à tirer. Si tous les regards se posent, dès son arrivée à l'hippodrome, sur la trentenaire suédoise, c'est principalement pour ce qu'elle incarne dans cet univers principalement masculin – pas vraiment parce qu'elle est favorite : au contraire, elle est cotée à 28 francs contre un, les derniers résultats d'Ina Scot n'étant pas très bons.

Le silence envahit l'hippodrome de Vincennes ; le départ va être donné. Les 18 *drivers* sont prêts à avaler ces 2 700 mètres de course. C'est parti ! Le cheval Abo Volo, conduit par Paul Viel, prend la tête. Johansson est d'abord loin derrière, mais elle rattrape son retard et demeure dans le groupe de tête. Dernière ligne droite : elle tente de passer par l'extérieur et se retrouve au coude-à-coude avec trois chevaux. Quatre *drivers* à quelques centimètres les uns des autres : le suspense est incroyable !

Dans les tribunes, Kjell P. Dahlström n'y tient plus. Dans l'ambiance plutôt guindée de l'hippodrome, il hurle : « Helen ! Allez Helen ! Allez ! » Dans les tout derniers mètres, elle donne un dernier coup de cravache à Ina Scot en l'encourageant ; la jument finit par prendre l'avantage sur ses trois concurrents. Victoire ! En ce dernier dimanche de janvier 1995, Johansson déjoue les pronostics et crée l'immense surprise.

Dahlström fond en larmes et court rejoindre sa femme, enjambe la barrière en criant avec les spectateurs, emportés eux aussi par l'exploit historique auquel ils viennent d'assister. Helen Johansson est saisie ; elle se tourne vers la foule qui l'acclame et explose de bonheur. Elle le sait : sa victoire lui permet d'être définitivement acceptée dans ce monde d'hommes. Un Prix Helen-Johansson est créé dans la foulée de son triomphe et a lieu tous les ans, le même jour que le Prix d'Amérique.

La Suédoise, elle, s'est retirée du monde hippique. Depuis, presque aucune femme après elle n'a réussi à se faire une place dans la course de trot.

« En ce dernier dimanche de janvier 1995, Johansson déjoue les pronostics et crée l'immense surprise.

Gerlinde Kaltenbrunner

AUTRICHIENNE – NÉE EN **1970** (KIRCHDORF AN DER KREMS)

Première alpiniste à gravir les quatorze plus hauts sommets de la planète sans oxygène

Si les mots *ténacité* et *courage* étaient incarnés, ils pourraient prendre les traits de Gerlinde Kaltenbrunner, première femme à avoir réalisé l'ascension de tous les « 8 000 mètres » sans oxygène, en 2011. Et non sans difficultés !

Revenons d'abord au pied des montagnes, aux origines de l'alpinisme, qui fut l'un des premiers sports à accueillir des femmes dans les années 1920. Mais qui aura pourtant beaucoup de mal à leur faire de la place, la faute à de vieux clichés persistants : elles n'auraient pas la force, physique et mentale, d'affronter les géants de pierre… Et elles doivent rester à la maison pour s'occuper de leurs enfants… Certains clubs n'acceptent tout simplement pas les femmes, qui vont ainsi prendre du retard dans la conquête des plus hauts sommets. Il faut attendre 1974 pour voir une première réussite féminine sur un « 8 000 », lors d'une expédition japonaise au Manaslu ; 1975 pour que la Japonaise Junko Tabei (voir page 174) devienne la première femme au sommet de l'Everest ; et 2010, vingt-quatre ans après Reinhold Messner, et alors que plusieurs tentatives se sont terminées tragiquement, pour qu'Edurne Pasaban et Oh Eun-sun soient les premières à en finir avec les quatorze « 8 000 ». L'Espagnole et la Sud-Coréenne se livrent alors une véritable lutte à distance dont on ne connaîtra jamais vraiment la gagnante.

C'est incontestablement l'Autrichienne Gerlinde Kaltenbrunner, durant l'été 2011, qui réussit cet exploit sans oxygène. Au prix d'une septième tentative sur le K2. Quelques années plus tôt, la jeune infirmière – convertie à l'alpinisme, très jeune, par un pasteur – avait gravi son premier « 8 000 », le Broad Peak, à seulement 23 ans et grâce à ses maigres économies. Une première expérience et, dès lors, une obsession : conquérir une par une les plus hautes montagnes du monde. Ce qu'elle fera, avant de devenir alpiniste professionnelle au bout de dix ans.

Une fois l'Everest réussi en 2010, elle n'a « plus que » le K2 à affronter pour entrer dans l'histoire. Ce terrible K2, au Pakistan, pour lequel elle connaît six tentatives infructueuses, dont une dernière tragique, quand elle voit un alpiniste chuter mortellement à ses côtés. Après six expériences par la face sud, elle décide finalement en 2011 de passer par le nord. Une ascension particulièrement difficile, marquée par de fortes chutes de neige et des vents violents, que son compagnon, épuisé, ne va pas terminer. Mais Gerlinde est tellement déterminée que rien ne peut plus l'arrêter et, le 23 août à 18 heures 18, l'Autrichienne parvient au sommet de la deuxième montagne la plus haute au monde, devenant ainsi la première femme à avoir gravi les quatorze « 8 000 » sans oxygène supplémentaire.

Une détermination extraordinaire qu'elle met également dans son engagement social puisque, depuis des années, elle aide à la construction d'écoles de villages, de foyers pour enfants et de dispensaires au Népal.

> *« Les femmes n'auraient pas la force, physique et mentale, d'affronter les géants de pierre… Et elles doivent rester à la maison pour s'occuper de leurs enfants… »*

Au calme et au sommet !
GK
GK

Le tatami est mon meilleur ami !

Rena Kanokogi

AMÉRICAINE – **1935-2009** (NEW YORK)

Première judokate autorisée à s'entraîner dans un dojo

Les judokates d'aujourd'hui lui doivent beaucoup. Surnommée « la mère du judo », la première autorisée, en 1962, à s'entraîner dans un dojo réservé aux hommes, l'Américaine Rena Kanokogi est un exemple de femme ayant dû lutter contre les stéréotypes de son époque.

La bataille de Rena commence en 1959, alors qu'elle veut participer aux YMCA (Young Men's Christian Association) Championships de New York, une compétition qui n'est pas officiellement interdite aux femmes mais franchement déconseillée – à tel point qu'aucune sportive n'a tenté d'y participer. Rena Kanokogi, issue d'une famille pauvre de Brooklyn, ancienne membre d'un gang appelé « Les Apaches », n'est pas du genre à accepter le « non » comme réponse. Elle veut faire partie de l'équipe de son club et participer aux combats !

Alors, elle se coupe les cheveux très court, se maquille et se grime en homme, entourant sa poitrine d'un lange très serré pour la dissimuler. Son entraîneur accepte de l'emmener, à la seule condition qu'elle soit remplaçante. La chance lui sourit et les planètes s'alignent parfaitement : alors qu'un de ses coéquipiers se blesse, elle est sollicitée pour le remplacer au pied levé. La voilà face à son adversaire, un homme. Elle gagne le combat. Mais les juges sont dubitatifs et observent Rena avec défiance ; l'un d'eux finit par lui demander : « Vous êtes une femme ? » Réponse savoureuse de la judokate : « Et vous, vous êtes une vache ? »

Kanokogi démasquée, elle et son équipe sont obligées de se retirer de la compétition alors que le titre leur semblait promis. Dégoûtée, la jeune New-Yorkaise de 24 ans se sent coincée. Elle jette son kimono dans une valise et décide de partir au pays du judo : le Japon. Là-bas, peut-être, on acceptera sa présence sans qu'elle soit obligée de se déguiser en homme. À Tokyo, dans le légendaire Kodokan – une école internationale de judo très réputée –, les femmes sont autorisées mais doivent rester entre elles, sur un tatami annexe. Le problème, c'est que Rena Kanokogi les bat toutes à plate couture et s'ennuie devant les yeux stupéfaits de ses entraîneurs, qui la laissent accéder au dojo où s'affrontent les hommes. C'est la première femme de l'histoire à y être autorisée.

Dès lors, Rena décide de mener le combat le plus important de sa vie : les femmes doivent pouvoir pratiquer n'importe quel sport, participer à n'importe quelle compétition. Elle rêve de voir des judokates aux Jeux olympiques. En 1988, les JO de Séoul accueillent pour la première fois le judo féminin, après des années de militantisme et une menace finale de Kanokogi : « Si vous n'intégrez pas les femmes sur les tatamis, je porte plainte contre vous ! »

À la fin de sa vie, en 2008, alors qu'elle est très malade, l'empereur du Japon la décore de la plus haute distinction possible, l'Ordre du Soleil, et fait d'elle « la mère des femmes du judo ». Et les YMCA Championships de New York la réhabilitent en lui rendant la médaille d'or qu'on lui avait confisquée quarante-neuf ans plus tôt.

> *Elle se coupe les cheveux très court, se maquille et se grime en homme, entourant sa poitrine d'un lange très serré pour la dissimuler.*

Annette Kellerman

AUSTRALIENNE – **1886** (MARRICKVILLE) - **1975** (SOUTHPORT)

Première femme à tenter de traverser la Manche à la nage

Si les femmes peuvent porter un maillot de bain aujourd'hui, c'est grâce à Annette Kellerman. Digne d'un film, la vie de cette Australienne est bien réelle.

En septembre 1905, les médias internationaux se piquent de curiosité pour une jeune nageuse de 19 ans qui a décidé de traverser la Manche à la nage. Non seulement Kellerman veut devenir la première femme à réaliser cet exploit, mais elle compte bien battre, au passage, le record de Matthew Webb et faire mieux que ses 21 heures et 45 minutes en 1875.

Si l'Europe a peu entendu parler d'elle, Annette Kellerman est déjà une vedette dans son pays d'origine. Connue pour ses plongeons de 28 mètres de hauteur et ses spectacles de sirène dans un aquarium de Sydney, elle décide de parcourir le monde en quête de défis à la hauteur de sa personnalité hors pair.

Après avoir traversé la Tamise à la nage, la voilà donc sur la ligne de départ pour la traversée de la Manche. Ses concurrents masculins sont autorisés à nager nus ; elle, en revanche, a l'obligation de porter une combinaison lourde et peu pratique. « Peu importe, mademoiselle, c'est une question de décence. » Les conditions météorologiques sont totalement inadaptées à la réussite de cette traversée et les nageurs abandonnent chacun leur tour. Annette est la dernière à tenir et, malgré une sacrée pugnacité, quitte aussi la course.

De cet échec, elle retient qu'elle n'est pas aidée par son habit et que, pour optimiser ses performances, elle doit trouver une solution vestimentaire. Elle bricole donc une combinaison près du corps qui dévoile ses bras et ses jambes, ce qui lui vaut d'être arrêtée aux États-Unis pour indécence… Elle n'en démord pas et continue d'arborer sa tenue, malgré les arrestations mouvementées qui attirent l'attention des médias. Son entêtement et ses certitudes vont finalement permettre aux femmes d'être autorisées juridiquement à porter un maillot de bain une pièce. Et pour les aider encore un peu plus, Annette Kellerman lance sa propre marque de maillots.

Elle devient petit à petit une figure du féminisme de l'époque. Rien ne l'intimide. Passionnée de musique, elle crée les ballets aquatiques, ancêtres de la natation artistique. Ses spectacles rencontrent un franc succès et la foule se précipite pour assister à ses performances inédites. Un professeur d'Harvard conclut même que ses mensurations se rapprochent de celles de la *Vénus de Milo* et qu'elle représente donc la femme parfaite. Caustique, Kellerman lui répond : « Seulement en dessous du cou, alors ! » Elle exporte ensuite ses shows à l'étranger, se lance dans le cinéma, et elle est la première actrice à apparaître complètement nue à l'écran.

Ses performances sportives ont incité les femmes à plonger dans l'univers de la natation. Ses combats féministes ont marqué l'histoire et ont permis l'émancipation des corps et des esprits, encourageant le monde à penser à contre-courant, dans une quête de modernité.

> **Pour optimiser ses performances, elle doit trouver une solution vestimentaire. Elle bricole donc une combinaison près du corps qui dévoile ses bras et ses jambes, ce qui lui vaut d'être arrêtée aux États-Unis pour indécence…**

La dernière à l'eau est une poule mouillée !

La femme est l'avenir ... du tennis !

Billie Jean King

AMÉRICAINE – NÉE EN **1943** (LONG BEACH)

Première championne à revendiquer l'égalité

Elle est celle qui a gagné la bataille des sexes ! Et qui restera la pionnière de l'égalité dans le tennis et le sport en général, ainsi que l'une des plus grandes joueuses de tous les temps. Billie Jean King est cinq fois numéro un mondial entre 1966 et 1974, membre du top 10 mondial durant dix-sept ans et décroche 129 titres, dont 39 du Grand Chelem (douze en simple, seize en double dames et onze en double mixte). Rien qu'à Wimbledon, dans le Grand Chelem anglais, elle compte 20 trophées, dont six en simple, un record ! La Californienne remporte aussi la Fed Cup avec l'équipe des États-Unis, quatre fois comme joueuse et autant de fois comme capitaine. Depuis 2020, la compétition entre nations porte d'ailleurs son nom, tout comme, depuis 2006, le site de l'US Open !

Mais ses combats en marge des courts en faveur de l'égalité des sexes, et notamment de l'égalité des prix dans les tournois, l'ont tout autant fait entrer dans la légende. En 1972, quand Billie Jean King gagne l'US Open et reçoit une somme bien inférieure au champion masculin, elle décide de ne plus revenir tant que les dotations ne seront pas égales. Elles le deviennent l'année suivante. Entre-temps, la numéro un mondial décide avec quelques joueuses – alors exclues de la Fédération américaine – de créer la Women's Tennis Association, dont elle est la première présidente, dans le but de défendre l'intérêt des joueuses et de mettre leurs compétitions en valeur.

Au même moment, elle relève un défi très spécial, lancé par un ancien numéro un mondial alors à la retraite : Bobby Riggs, 55 ans, veut l'affronter pour montrer qu'« aucune joueuse en activité ne pourrait jamais venir à bout d'un retraité ». Le tennis féminin est selon lui tout simplement inférieur. Le 20 septembre 1973, à Houston, plus de 30 000 spectateurs assistent à cette « bataille des sexes », comme sera surnommé l'affrontement, également diffusé en mondovision. On estime à 50 millions le nombre de téléspectateurs ! Billie Jean King a la pression : « Je ne pouvais pas perdre », confie-t-elle plus tard, bien consciente de l'impact symbolique d'une telle rencontre. Et elle gagne, en trois sets, 6-4, 6-3, 6-3, et repart avec les 100 000 dollars en jeu ! Surtout, ce duel ultra-médiatique – qui donnera lieu au film *Battle of the Sexes*, de Jonathan Dayton et Valerie Faris, en 2017 – jouera un grand rôle, non seulement dans la reconnaissance du tennis féminin, mais également dans celle du tennis, tout simplement…

Première sportive à révéler publiquement son homosexualité, Billie Jean King a par ailleurs participé à la lutte contre le sida et continue inlassablement à défendre les droits des femmes et des personnes LGBTQ+.

> **“ Quand Billie Jean King gagne l'US Open et reçoit une somme bien inférieure au champion masculin, elle décide de ne plus revenir tant que les dotations ne seront pas égales.**

Perrine Laffont

FRANÇAISE – NÉE EN **1998** (LAVELANET)

Skieuse de bosses la plus titrée de l'histoire

Si jeune et déjà dans l'histoire ! À seulement 25 ans, Perrine Laffont a déjà battu tous les records en ski acrobatique. Il faut dire que la précocité, c'est sa spécialité ! La légende familiale raconte qu'elle a commencé à skier et à marcher quasi en même temps, dans la station des Monts d'Olmes, près de Lavelanet, sa ville natale en Ariège. C'est là que ses parents l'initient rapidement au ski de bosses, cette discipline rendue populaire dans les années 1990 par le titre du Français Edgar Grospiron aux Jeux olympiques d'Albertville.

Et « Pépette », comme est surnommée la petite Perrine, aime les sensations fortes et ce sport si spectaculaire. La compétition aussi, si bien qu'elle allie études et ski de haut niveau dès le collège. Et le succès est fulgurant : en 2014, à tout juste 15 ans, elle crée la surprise en se qualifiant pour la finale de ski acrobatique des Jeux olympiques de Sotchi, en Russie. Elle termine quatorzième, mais sa carrière est bel et bien lancée. Quatre ans plus tard, à Pyeongchang, en Corée, Perrine Laffont ne laisse aucune chance à la concurrence : elle remporte haut la main le titre olympique, une victoire historique pour une Française. Elle est au sommet, déjà.

Et elle enchaîne : victoire dans le classement de la Coupe du monde de bosses parallèles la même année, deuxième titre mondial en 2019, deuxième Globe de cristal consécutif dans sa discipline et Gros Globe du classement général de ski acrobatique. Rebelote les saisons suivantes !

À Pékin, aux Jeux d'hiver 2022, cruelle déception : elle se contente de la quatrième place – et doute. Surtout que la violence des réactions sur les réseaux sociaux la heurte. Perrine prend alors la parole concernant le harcèlement qu'elle a subi. Elle retourne malgré tout à l'entraînement après une petite pause, et en février 2023, elle décroche ses quatrième et cinquième titres mondiaux, un doublé historique, puis de nouveau un Globe de cristal et un Gros Globe, ses huitième et neuvième ! Elle devient ainsi la skieuse de bosses la plus titrée de l'histoire. « Pépette » est loin d'avoir fini de briller !

À Pyeongchang, en Corée, Perrine Laffont ne laisse aucune chance à la concurrence : elle remporte haut la main le titre olympique, une victoire historique pour une Française.

C'est moi
la boss des bosses !

Et si on faisait un marathon aquatique ?

Katie Ledecky

AMÉRICAINE – NÉE EN **1997** (WASHINGTON)

Première nageuse à réaliser le quadruplé 200-400-800-1 500 mètres

À l'âge où l'on s'apprête généralement à entrer en troisième, Katie Ledecky est devenue, elle, championne olympique.

Londres, vendredi 3 août 2012. L'Américaine de 15 ans fait son entrée dans la piscine olympique de la capitale anglaise, le visage adolescent, le pas mal assuré, les bras le long du corps, gauches, face aux nombreux supporters qui hurlent leurs encouragements en tribune. Elle est la plus jeune de la délégation de natation américaine. Pour cette finale du 800 mètres nage libre, elle se place dans la ligne d'eau numéro 3. 8 minutes, 14 secondes et 63 centièmes plus tard, elle touche le rebord du bassin la première et sort la tête de l'eau, incrédule. Même la commentatrice de la télévision américaine concède : « Elle m'a fait mentir, je ne la voyais pas gagner comme ça [...]. C'est absolument phénoménal [...]. Cette fille est déjà grande ! »

Pourtant, ceux qui l'ont croisée à la piscine de Bethesda, dans le Maryland, en gardent un souvenir ému : « Je l'ai vue tordre pas mal de mecs à l'entraînement. Quand vous vous faites battre par une femme, le moral peut descendre assez vite. J'en ai vu arrêter leur séance d'entraînement après », se remémore, dans le journal *L'Équipe*, Conor Dwyer, lui aussi membre de la délégation américaine à Londres.

Katie brise les ego fragiles et les records. Après son titre olympique inattendu en 2012, elle est désormais une référence et rafle tout sur son passage. L'année suivante, aux Championnats du monde de Barcelone, elle monte sur la première marche du podium dans quatre disciplines (les 400, 800, 1500 et 4×200 mètres nage libre). Mais c'est à Kazan, en 2015, pour la nouvelle édition des Mondiaux, qu'elle marque l'histoire en remportant cinq médailles d'or et en devenant la première femme titrée en 200, 400, 800 et 1500 mètres nage libre, ainsi qu'en relais 4×200 mètres nage libre. L'année suivante, aux Jeux olympiques de Rio, elle débarque en véritable star et fait partie des têtes d'affiche de l'événement, toutes disciplines confondues, à seulement 19 ans. Elle en repart avec quatre médailles d'or et une nomination parmi les personnes les plus influentes du monde au classement établi chaque année par le magazine *Time*.

Ces distinctions glissent sur Katie sans la changer ni la perturber. Ce qui compte pour elle, c'est la régularité, la capacité à dominer à chaque fois, à chaque compétition, chaque année. Sa force de travail et sa détermination inspireront des générations entières de nageuses. Son immense exigence l'a parfois abîmée, malmenée, à tel point qu'elle a dû acquérir l'indulgence nécessaire pour avancer sereinement.

À l'été 2023, au Japon, Ledecky remporte, à 26 ans, son seizième titre individuel aux Mondiaux de Fukuoka, dépassant ainsi le record personnel d'un certain Michael Phelps. Avec le nombre d'années de carrière encore à venir, la légende de Katie Ledecky n'a pas fini de s'écrire.

« Katie brise les ego fragiles et les records. Après son titre olympique inattendu en 2012, elle est désormais une référence et rafle tout sur son passage.

Suzanne Lenglen

FRANÇAISE — **1899-1938** (PARIS)

Première star du tennis

Pionnière, précoce, véritable vedette ou encore « divine », comme on la surnommait… Pour tenter de définir Suzanne Lenglen, il faut empiler les qualificatifs ! Essayons tout de même de raconter le destin de celle qui reste une des icônes du sport féminin et du tennis ; un prestigieux court du stade Roland-Garros porte d'ailleurs son nom. Elle s'impose deux fois dans le Grand Chelem parisien du côté de la Porte d'Auteuil, six fois à Wimbledon ; forte de trois médailles olympiques, elle remporte par ailleurs 241 titres, dont 24 en Grand Chelem en simple, double et double mixte. Un palmarès magnifique pour cette sportive accomplie, qui s'essaie à différents sports dès le plus jeune âge et gagne même, en 1919, un titre de championne de France de natation.

C'est le tennis qui la fait vraiment vibrer et entrer dans la légende. Il y a les résultats – notamment une série de 171 victoires de suite ! – mais il y a également le style de jeu, incomparable et révolutionnaire pour le tennis féminin, très offensif, très physique, forgé lors de ses entraînements avec des hommes ; il y a un style vestimentaire, inédit lui aussi : finies les robes longues sur les courts ; la Parisienne porte des jupes plissées en soie, signées Jean Patou, et un bandeau pour retenir ses cheveux. Suzanne est une femme libre, qui n'hésite pas à boire une lichée de cognac pendant ses matchs quand elle a besoin d'un petit remontant, qui refuse un jour de se présenter sur le court de Wimbledon malgré la présence de la reine, car elle veut préserver sa santé et ne se sent pas assez en forme pour jouer, et qui choisit de devenir professionnelle pour gagner sa vie – elle fréquente plusieurs compagnons mais ne se mariera jamais.

Ses exploits et sa personnalité font de Suzanne Lenglen, au début du XXe siècle, une véritable star, en France et à l'international. Elle connaît même l'honneur d'avoir une poupée à son effigie, en tant que modèle pour les jeunes filles de l'époque. Mais cette gloire sera de courte durée car elle meurt à seulement 39 ans, en juillet 1938, d'une leucémie foudroyante. Ses funérailles attirent une foule immense à Paris. Et quatre-vingt-six ans plus tard, sa légende perdure, ainsi que son impact sur le sport féminin.

Suzanne est une femme libre, qui n'hésite pas à boire une lichée de cognac pendant ses matchs quand elle a besoin d'un petit remontant.

Il faut vivre sa vie comme une balle de match !

Le creux de la vague, c'est **the place to be** !

Isabel Letham

AUSTRALIENNE — **1899** (CHATSWOOD) - **1995** (SOUTH CURL CURL)

Première surfeuse de l'histoire

L'océan représente une forme de liberté, un lieu de profondeur, de sensations, de dangers aussi. C'est un espace infini majoritairement occupé par les hommes, courageux marins qui tentent de le dompter quand les femmes les guettent désespérément sur le port. Longtemps, les loisirs associés à l'océan ont été essentiellement pratiqués par des hommes. Le surf, par exemple. Mais au début du XXe siècle, Isabel Letham incarne la preuve du contraire.

Si d'autres femmes avant elle se sont essayées au surf, la jeune Australienne devient très connue en 1915, à 15 ans, après une session en duo avec le légendaire surfeur hawaïen Duke Kahanamoku. Ce jour-là, le jeune homme est en démonstration à Freshwater, juste à côté de Sydney, pour faire découvrir sa discipline à un public bouche bée, vite conquis en l'observant glisser de vague en vague.

Après quelques *tubes*, Kahanamoku sort de l'eau et demande si quelqu'un souhaite essayer de surfer avec lui. Malgré son appréhension et après une courte hésitation, la jeune Isabel s'avance. Elle monte debout sur les épaules de Duke, tient en équilibre et quand survient une vague, elle lève les bras, regarde vers le ciel avec un sourire totalement béat et expérimente pour la première fois la sensation de glisse totale et libre. Quelques minutes plus tard, la voilà accro, prête à recommencer. Elle court vers son père et le supplie de lui fabriquer une planche de surf, ce qu'il fait.

Dès lors, l'Australienne passe chaque jour des heures dans l'eau, s'entraîne, boit la tasse, y retourne, jusqu'à atteindre un niveau impressionnant. À 18 ans, elle achète un billet d'avion, direction la Californie. Là-bas, en plus de surfer tous les jours sur les vagues de la côte est, elle devient juge dans des compétitions féminines et professeure de natation.

Isabel reste une petite dizaine d'années aux États-Unis avant de rentrer chez elle, lassée de se battre pour prendre une vague face aux hommes, qui se considèrent prioritaires. En Australie, elle continue de surfer et de lutter pour que les femmes puissent le faire autant qu'elles veulent.

C'est l'année de ses 80 ans qu'elle assiste au premier Championnat national de surf féminin, en Australie. La carrière de Pam Burridge, la première gagnante, sera immense ; elle rend très régulièrement visite à Isabel Letham pour lui témoigner sa sincère gratitude d'avoir tant œuvré pour le surf féminin.

La pionnière meurt à 95 ans, dans sa maison australienne, deux ans après avoir été introduite au Surfing Hall of Fame. À sa demande, ses cendres sont dispersées à Freshwater, à l'endroit même de sa première vague. En 2021, le documentaire *Girls Can't Surf* suit le parcours de plusieurs femmes athlètes et prouve que le combat pour l'égalité des sexes dans ce milieu n'est pas terminé.

> **« Quand survient une vague, elle lève les bras, regarde vers le ciel avec un sourire totalement béat et expérimente pour la première fois la sensation de glisse totale et libre.**

Elisabeta Lipă

ROUMAINE – NÉE EN **1964** (SIRET)

Rameuse la plus décorée de l'histoire

Longtemps, l'aviron est resté une affaire d'hommes, mais depuis plusieurs années son plus grand champion est… une championne. Elisabeta Lipă est la rameuse ayant gagné le plus de médailles olympiques de l'histoire, hommes et femmes confondus : cinq en or, deux en argent et une en bronze.

La Roumaine est l'héritière d'un sport qui n'a admis les femmes aux Jeux qu'en 1976 ! Pourtant, cela fait longtemps qu'elles rament, d'abord pour le plaisir puis avec l'envie de participer à des compétitions. Au XIXe siècle, on les cantonne d'abord à la barre, mais elles prennent vite les rames. Qu'à cela ne tienne : on leur interdit purement et simplement de pratiquer, et ce, pour de sombres raisons : les canotières seraient des filles faciles, et afin d'éviter les problèmes, les sociétés nautiques décident de leur fermer leurs portes. Cette idée perdure jusqu'à la Première Guerre mondiale, avant qu'une autre ne surgisse, tout aussi farfelue : comme le vélo, la pratique de l'aviron pourrait causer la stérilité des sportives concernées. Voilà autre chose ! Et c'est ainsi que d'idée reçue en discrimination, l'aviron féminin va mettre des années à se développer.

Elisabeta Lipă a déjà 12 ans quand la discipline fait son apparition aux Jeux. Elle en a 19 quand elle remporte son premier or olympique à Los Angeles, en deux de couple avec Marioara Popescu. En 1988, à Séoul, elle décroche cette fois l'argent avec Veronica Cogeanu, en deux de couple, et le bronze en quatre de couple. À partir de là, elle repartira toujours avec de l'or : en skiff aux Jeux de Barcelone en 1992 – avec également l'argent du deux de couple ; en huit avec barreur à Atlanta en 1996, à Sydney en 2000 et à Athènes en 2004. Elle a alors 39 ans !

Rameuse la plus décorée de toute l'histoire des Jeux olympiques, Lipă est aussi la seule femme à détenir cinq médailles d'or gagnées à cinq éditions des Jeux. Outre sa riche carrière sportive, elle a travaillé pour les services secrets roumains et a été ministre de la Jeunesse et des Sports de son pays entre novembre 2015 et janvier 2017.

À noter que depuis 2020, enfin, il y a autant d'épreuves masculines que d'épreuves féminines inscrites au programme de l'aviron aux Jeux olympiques – sans que la natalité mondiale ait décru…

Au XIXe siècle, on cantonne les femmes d'abord à la barre, mais elles prennent vite les rames. Qu'à cela ne tienne : on leur interdit purement et simplement de pratiquer.

Faire de l'aviron, ce n'est pas faire des ronds dans l'eau !

Le futur, ce n'est pas un homme dans une fusée, mais une femme sur un vélo!

Annie Londonderry

AMÉRICAINE — **1870** (RIGA, LETTONIE) - **1947** (NEW YORK)

Première femme à réaliser un tour du monde à vélo

Les photos d'elle témoignent d'un autre temps : celui du noir et blanc, des chapeaux sophistiqués, des manches ballon et des chignons travaillés. Avec son regard sérieux, son sourire neutre et son élégance naturelle, Annie Londonderry fait pourtant office de sacrée rebelle.

Le XIXe siècle se termine doucement ; nous sommes en 1894. Aux États-Unis, une jeune fille de 20 ans a décidé de se lancer un défi extraordinaire : réaliser un tour du monde à bicyclette. Peu importent les esprits étriqués de l'époque qui pensent que le frottement des parties intimes féminines sur la selle s'apparente à du dévergondage, ou pire, abîme l'appareil reproductif des femmes. Annie Cohen Kopchovsky, de son vrai nom, se fiche pas mal de la condescendance masculine inhérente à son temps.

On connaît peu les détails de l'histoire. La rumeur raconte qu'un jour, deux hommes ont parié qu'une femme ne pourrait jamais faire le tour du monde à vélo. Piquée par tant de machisme ordinaire, Annie aurait décidé de leur prouver le contraire. Pourtant, à ce moment-là, la jeune Américaine ne sait même pas utiliser une bicyclette…

À 24 ans, alors mère de trois enfants, elle met en place ce projet inédit et un peu fou. Elle quitte Boston le 25 juin 1894. Quelques centaines de spectateurs assistent à l'événement, un peu dubitatifs devant cette cycliste en robe, engoncée dans sa doublure, ses collants et son corset. Sans un dollar en poche mais armée d'un pistolet, Annie Londonderry part pour quinze mois de voyage sur deux roues. Au fur et à mesure de son périple, elle prend conscience que sa tenue, très féminine, est totalement inadaptée à la pratique du sport et elle finit par enfiler petit à petit des habits d'homme, beaucoup plus confortables.

La France, l'Égypte, la Chine, le Japon… chaque étape de son tour du monde génère une immense curiosité. Tous veulent voir la première femme de l'histoire à tenter cette aventure extraordinaire. En septembre de l'année suivante, elle termine la boucle à Boston, avec deux semaines d'avance, et obtient la prime de 10 000 dollars qu'on lui avait promise si elle réussissait cet exploit en moins de quinze mois. Cet argent lui permet d'embarquer sa petite famille à New York et de démarrer une nouvelle vie.

Passé l'enthousiasme (ou le mépris, toujours des mêmes), la jeune femme retombera doucement dans une forme d'anonymat. C'est grâce à son arrière-petit-neveu, Peter Zheutlin, que son histoire retrouve la lumière : en 2007, il publie *Around the World On Two Wheels* (« *Autour du monde sur deux roues* »), récit qui relate l'histoire géniale d'Annie Londonderry.

> ***« Au fur et à mesure de son périple, elle prend conscience que sa tenue, très féminine, est totalement inadaptée à la pratique du sport et elle finit par enfiler petit à petit des habits d'homme, beaucoup plus confortables.***

Jeannie Longo

FRANÇAISE — NÉE EN **1958** (ANNECY)

Première femme autorisée à participer à des courses cyclistes seniors

Elle est la preuve que, pour certaines personnes, le temps n'a pas de prise. Première femme autorisée à courir dans des courses cyclistes seniors en 1980, Jeannie Longo est un modèle de longévité. Sa carrière s'étale sur plus de quarante ans et son palmarès semble interminable : treize fois championne du monde, championne olympique à Atlanta en 1996, elle a remporté 60 titres nationaux dont le dernier en juillet 2023, à 64 ans.

Pendant longtemps, Longo doit affronter le machisme ambiant et assumé entourant sa discipline. Dans l'émission *À chacun son tour*, en 1987, elle fait face à un Marc Madiot véhément : « Voir une femme danser, c'est très joli, voir une femme jouer au football ou faire du vélo, c'est moche ! […] Le sport cycliste est extrêmement difficile et j'aime trop les femmes pour les voir souffrir », assène l'actuel patron de l'équipe FDJ. À côté de lui, Jeannie Longo garde le sourire, peut-être trop habituée à ce type d'opinion considérée comme la norme à l'époque et (heureusement) devenue choquante aujourd'hui. D'ailleurs, le temps aidant à certaines prises de conscience, Madiot est, depuis, revenu sur ses propos. Et Longo ne lui en tient pas rigueur : « J'ai laissé passer la bêtise et l'orage, persuadée qu'un jour ou l'autre, ces garçons seraient ridicules. Aujourd'hui, je lui fais la bise quand je le croise en course », confie-t-elle au journal *Sud Ouest* des années plus tard.

Forgée par le sexisme croisé à chaque virage et par l'adversité que sa domination entretient, Jeannie Longo possède un caractère à toute épreuve et répond toujours à l'échec par la revanche. Lors des Jeux olympiques de 1984, par exemple, la victoire lui tend les bras à deux kilomètres de l'arrivée. Le titre semble à sa portée, mais elle s'accroche avec l'Italienne Maria Canins qui la percute et casse son dérailleur. C'est terminé. En larmes, Longo passe la ligne d'arrivée à pied, fait de Canins sa grande rivale et de l'or olympique l'objectif d'une vie. À Los Angeles, en 1996, elle remporte enfin le titre ultime et efface les tourments du passé.

Jeannie Longo, c'est aussi l'histoire d'un couple, celui qu'elle forme depuis toujours avec Patrice Ciprelli, son entraîneur et mari. En 2018, il est condamné pour avoir acheté de l'EPO, un produit dopant, entre 2008 et 2011. Les soupçons pèsent sur le duo qui reste uni et affronte conjointement la tempête, la cycliste dénonçant un complot et un acharnement injuste. L'ombre du dopage se pose sur eux, sur elle, qui a déjà été contrôlée positive à l'éphédrine en 1987.

Toutefois, ce que l'histoire retient, c'est une femme infatigable qui a regardé droit dans les yeux des hommes furieux de la voir prendre la lumière, une femme qui est montée tant de fois, sans jamais se lasser, sur la première marche du podium, qui a dépassé le cadre de son sport en devenant l'emblème du cyclisme féminin.

Forgée par le sexisme croisé à chaque virage et par l'adversité que sa domination entretient, Jeannie Longo possède un caractère à toute épreuve et répond toujours à l'échec par la revanche.

Pas mon genre de mettre la pédale douce !

À dada sur mes records !

Elizabeth Madden

AMÉRICAINE – NÉE EN **1963** (MILWAUKEE)

Première cavalière à atteindre le million de dollars de gains

Elle est née au milieu des chevaux, dans le Wisconsin, au cœur d'une famille propriétaire d'une entreprise équestre. Son cadeau de Noël à 6 ans ? Un poney. Elizabeth « Beezie » Madden est une enfant de l'équitation. Sans surprise, elle s'inscrit au club hippique de la ville et débute en *hunter*, une discipline où le cavalier est jugé sur sa faculté à gérer les capacités techniques et l'élégance de son cheval.

Son adolescence se déroule dans l'insouciance des écuries. Mais vient le moment de la décision : commencer des études supérieures ou se consacrer à l'équitation. Sans beaucoup hésiter, Beezie choisit de faire de sa passion son métier. Elle intègre une école équestre, passe des heures à travailler, encore et encore, à franchir les obstacles jusqu'à la perfection. À 24 ans, en 1987, elle débarque à Paris pour participer à sa première Coupe du monde de saut d'obstacles ; elle termine à la dix-huitième place, une expérience qui lui permet de distinguer ses axes de progression.

La même année, elle rencontre son futur mari John Madden, propriétaire de chevaux, avec qui elle entame une sublime relation professionnelle puis amoureuse. Inséparables, ces deux-là vivront tout ensemble.

Dans les années 1990, Elizabeth court les compétitions dans le monde entier et commence à se faire un nom dans l'univers hippique. Championne des États-Unis en 1998, elle est désignée meilleure cavalière américaine de l'année. Ce statut lui ouvre les portes de l'équipe nationale, et c'est aux Jeux olympiques d'Athènes, en 2004, que Beezie connaît un premier succès en contribuant à la médaille d'or en équipe. Quelques semaines plus tard, elle est la première femme dans le top 3 des meilleurs cavaliers du monde. En 2008, elle conserve son titre olympique en équipe et prend le bronze en individuel !

Il lui faut attendre ses 50 ans, en 2013, pour obtenir son premier titre de championne du monde avec son célèbre cheval Simon. Elizabeth Madden a une fin de carrière phénoménale avec de nombreux titres cumulés. En 2018, elle est de nouveau championne du monde et devient, à 54 ans, la gagnante la plus âgée de ce trophée, hommes et femmes confondus. En 2019, elle remporte l'un des Masters du Rolex Grand Slam, à Calgary, au Canada ; elle est la première femme non seulement à obtenir ce titre, mais aussi à franchir la barre du million de dollars de gains depuis le début de sa carrière.

La question de sa retraite ne se pose même pas, jusqu'à ce que l'Américaine se retire petit à petit des circuits, surtout dans les épreuves en équipe. En 2022, elle annonce qu'elle souffre d'une tumeur du nerf cochléovestibulaire, qui assure l'audition et l'équilibre. Si cette tumeur est bénigne et non cancéreuse, elle empêche Beezie de bien diriger son cheval. Incapable de ne plus monter, elle participe à des compétitions dans des divisions inférieures et continue de gérer son écurie avec son mari, près de New York, où elle se consacre à la transmission de ses compétences.

> **« Beezie choisit de faire de sa passion son métier. Elle intègre une école équestre, passe des heures à travailler, encore et encore, à franchir les obstacles jusqu'à la perfection.**

Oksana Masters

AMÉRICAINE – NÉE EN **1989** (KHMELNYTSKI, UKRAINE)

Athlète américaine la plus titrée de l'histoire des Jeux paralympiques d'hiver

Une personnalité hors pair, à qui rien ne résiste ! Avec 17 médailles olympiques, l'histoire d'Oksana Masters mérite d'être connue.

C'est loin, très loin des États-Unis que la jeune femme naît en 1989, à un peu plus de 9 000 kilomètres : du côté de l'Ukraine, dans la ville de Khmelnytski, située à quelques heures de route de Tchernobyl, là même où la célèbre centrale nucléaire a explosé trois ans auparavant. L'exposition de sa mère aux radiations explique qu'à sa naissance Oksana ait des jambes de longueurs différentes, sans tibias, et des mains palmées ; chacun de ses pieds comporte six orteils. Et elle ne possède qu'un seul rein.

Abandonnée, la fillette va d'orphelinat en orphelinat, tous plus pauvres les uns que les autres, où la faim et la peur des radiations enveloppent l'atmosphère. En 2020, elle livrera un témoignage aussi puissant qu'effrayant sur les viols subis entre ses 5 et 7 ans. Dans ces établissements, les membres du personnel monnayaient le corps des enfants pour boucler leurs fins de mois.

Elle est enfin adoptée, à l'âge de 7 ans. Gay Masters, une mère célibataire américaine, professeure, la sauve et la couvre d'amour, l'amenant à New York d'abord, à Louisville ensuite, l'encourageant à aller au bout de toutes ses envies. Quelques années après son arrivée aux États-Unis, Oksana est amputée des deux jambes ; pourtant, son champ des possibles s'ouvre à travers le sport. D'abord l'aviron. Vers 13 ans, elle se sent apaisée sur l'eau et montre vite de véritables facilités. D'un simple hobby, l'aviron devient un projet olympique. Associée à Rob Jones, elle remporte la médaille de bronze aux Jeux paralympiques de Londres, en 2012, sur l'épreuve de double mixte. Malheureusement, la discipline finit par épuiser son corps meurtri et des douleurs au dos la contraignent à changer de sport.

Ce sera le cyclisme ! Un an après s'être mise en selle, elle finit troisième des Championnats du monde 2015, prend la quatrième place aux Jeux paralympiques de Rio en 2016, puis l'or à Tokyo en 2021. Elle a bien envie de se tester aussi dans des disciplines d'hiver : biathlon et ski de fond. Résultat : ces deux sports lui rapportent treize médailles olympiques, dont quatre en or, entre 2014 et 2022.

Sa participation aux Jeux de Tokyo en 2021 est d'autant plus notable que, quelques mois auparavant, on lui a retiré une tumeur à la jambe. Elle récupère en quelques semaines, remet ses prothèses et débarque au Japon avec son éternelle et puissante rage de vaincre.

Véritable star paralympique, Oksana Masters constitue une source d'inspiration inépuisable. Si elle concourt sous les couleurs des États-Unis, la trentenaire n'a pas hésité à afficher une solidarité infaillible et militante pour l'Ukraine au moment du conflit avec la Russie de Vladimir Poutine.

Quelques années après son arrivée aux États-Unis, Oksana est amputée des deux jambes ; pourtant, son champ des possibles s'ouvre à travers le sport.

Je suis la femme qui valait 3 milliards !

Dans la vie, il faut savoir monter au filet !
am

Amélie Mauresmo

FRANÇAISE — NÉE EN **1979** (SAINT-GERMAIN-EN-LAYE)

Première joueuse de tennis française numéro un mondial

Difficile de choisir quelle « première fois » mettre en avant pour Amélie Mauresmo, tant l'ancienne championne de tennis a été pionnière à de nombreuses reprises.

Alors, s'il ne faut garder que quelques événements marquants de la vie de la célèbre joueuse, commençons par sa place de numéro un mondial en 2004. Au début du mois de septembre, devant sa télévision, Amélie Mauresmo, 25 ans, suit avec attention la demi-finale de l'US Open entre Lindsay Davenport et Svetlana Kuznetsova : en effet, si l'Américaine perd, la Française sera numéro un mondial au classement WTA (l'organisateur des compétitions de tennis féminin).

C'est fait ! Davenport s'incline en trois sets. Pour la première fois de l'histoire de l'ère moderne, une Française est première au classement mondial, hommes et femmes confondus. Elle y passera 39 semaines de sa carrière, dont 34 d'affilée.

Ses 25 titres en simple, dont deux Grand Chelem (l'Open d'Australie et Wimbledon), sa médaille d'argent aux Jeux olympiques d'Athènes, son titre de championne du monde des juniors, ses performances à Roland-Garros et à l'US Open la hissent en tête dans le palmarès du tennis français.

Elle prend sa retraite fin 2009 et devient rapidement entraîneuse. Après avoir travaillé avec le Français Michaël Llodra ou la Biélorusse Victoria Azarenka, elle est choisie par Andy Murray en 2014. Mauresmo est alors la première femme à coacher un joueur si haut classé : en effet, l'Écossais fait partie du fameux « *big four* », avec Roger Federer, Rafael Nadal et Novak Djokovic. Durant deux ans, le binôme foule les courts du monde entier, même pendant la première grossesse d'Amélie Mauresmo : « En ce qui concerne l'égalité hommes-femmes dans le tennis, il a contribué à améliorer les choses », reconnaît-elle, enthousiaste.

Quelques années plus tard, la place des femmes dans le tennis continuer d'évoluer. Fin 2021, le président de la Fédération française de tennis nomme Amélie Mauresmo présidente de Roland-Garros ; c'est la première fois de l'histoire du tournoi qu'une femme accède à ce poste ! Bien que respectueuse des traditions, elle lance de nombreuses initiatives modernes centrées sur la santé mentale des joueurs de tennis, qu'elle cherche à protéger le plus possible.

Car Mauresmo a connu en son temps le tourbillon médiatique, parfois vertigineux. En 1999, à 19 ans, après sa victoire en demi-finale de l'Open d'Australie, elle embrasse sa compagne de l'époque : elle est ainsi la première joueuse de tennis à faire publiquement et volontairement son *coming out*. Un geste naturel, sans ambition, qui lui a valu un déferlement d'attentions pas toujours très positives. Avec le recul, elle se souvient d'une période mouvementée mais ne regrette rien. Ce baiser, aussi anecdotique soit-il pour elle, a permis aux mœurs de changer dans ce milieu très conservateur.

> **« Elle lance de nombreuses initiatives modernes centrées sur la santé mentale des joueurs de tennis, qu'elle cherche à protéger le plus possible. »**

Alice Milliat

FRANÇAISE — **1884** (NANTES) - **1957** (PARIS)

Organisatrice des premiers Jeux olympiques féminins

À cette époque, tout reste à construire. Les femmes sont, au mieux, tolérées dans quelques compétitions sportives, mais le plus souvent totalement exclues. Chaque avancée provient d'un combat épuisant, mené avec difficulté.

Heureusement, il existe des guerrières, des militantes infatigables. Et parmi elles, Alice Milliat. Sportive accomplie et passionnée, cette Nantaise qui pratique le hockey, l'aviron ou la natation fait très tôt l'amer constat que les femmes ne sont pas représentées dans les compétitions. Pourtant, nombre d'entre elles en rêvent ; hélas, la bande du baron Pierre de Coubertin voit les choses autrement.

Alice le sait : le pouvoir passe par les institutions et, pour tenir tête aux hommes puissants, il faut intégrer leurs sphères. Elle devient alors, le 19 mars 1919, présidente de la FSFSF (Fédération des sociétés féminines sportives de France) et organise plusieurs compétitions féminines, notamment un Championnat de France de football. Ces actions lui donnent la légitimité pour réclamer au Comité international olympique la présence des femmes aux Jeux. C'est non. Non, non et encore non, n'insistez pas !

Vient alors à Alice Milliat une idée : si c'est comme ça, elle organisera les Jeux olympiques féminins. En 1922, le stade Pershing, dans le bois de Vincennes, accueille cette révolution féministe et heureuse. Cinq pays, onze disciplines et 20 000 personnes mobilisées : l'événement s'avère un franc succès. Dans la foulée, Alice créé la Fédération sportive féminine internationale. Au fil des ans, la pression se fait de plus en plus forte autour du CIO, qui ne peut plus prétendre ignorer l'engouement autour du sport féminin. Le Comité intègre donc petit à petit les femmes aux disciplines olympiques.

Milliat ne lâche rien. Sa posture courageuse et assurée permet à de nombreuses batailles d'aboutir. Elle meurt en 1956, dans un relatif anonymat, malgré l'héritage magnifique qu'elle laisse grâce à sa mentalité visionnaire et sa pugnacité. Aujourd'hui, son nom porte le symbole des luttes passées et de celles à venir ; de nombreuses infrastructures sportives l'arborent.

Le 29 mars 2016, la Fondation Alice-Milliat naît sous l'égide de la Fondation du sport français. C'est la première fois qu'une structure officielle est créée pour promouvoir le sport féminin ; le président de la République de l'époque, François Hollande, est présent au lancement. Grâce à des fonds publics et privés, la Fondation organise de nombreux événements, accompagne des fédérations et associations, finance chaque année une multitude de projets.

En donnant le nom d'Alice Milliat à cette structure d'utilité publique, on l'associe à une femme puissante qui n'a jamais baissé ni les yeux ni les bras. Nous lui devons beaucoup.

Vient alors à Alice Milliat une idée : si c'est comme ça, elle organisera les Jeux olympiques féminins. En 1922, le stade Pershing, dans le bois de Vincennes, accueille cette révolution féministe et heureuse.

L'organisation, c'est aussi un sport !

J'ai un mouton dans le moteur !
MM

Michèle Mouton

FRANÇAISE – NÉE EN **1951** (GRASSE)

Première pilote vice-championne du monde des rallyes

Elle reste une légende du Championnat du monde des rallyes dont elle est toujours l'unique grande figure féminine, la seule à avoir gagné quatre courses au début des années 1980 et à rivaliser avec les hommes dans ce sport si exigeant et si dangereux. C'était il y a plus de quarante ans, mais Michèle Mouton demeure une exception. Pour ne plus l'être, la Française a longtemps dirigé, après sa carrière, la commission Femmes et sport à la Fédération internationale de l'automobile. Qui, mieux que ce véritable modèle, pouvait aider les jeunes filles à réaliser leur rêve de piloter ?

Michèle Mouton vient à la course automobile par hasard : certes, la passion de la vitesse et des voitures de sport est familiale, transmise par son père qui ne cessera jamais de la soutenir ; mais c'est lors d'un concours... de danse rock'n'roll que tout bascule, quand son partenaire lui propose de le suivre au Tour de Corse qu'il s'apprête à disputer ! Elle y va, puis participe à ses côtés au célèbre rallye de Monte-Carlo. Ça y est, Michèle le sait : elle veut se lancer dans la course auto, elle qui aime tant conduire depuis toujours, et vite. Elle a 21 ans et ne se contente pas longtemps de participer à des courses féminines. Elle possède un sacré talent et un tout aussi sacré tempérament. Celle que l'on surnomme alors « le beau volcan noir » rend fous les Français et la presse quand elle accède au graal : un volant pour disputer le Championnat du monde des rallyes.

En 1981, avec une voiture avant-gardiste aux quatre roues motrices, elle devient la première femme à remporter une épreuve du Championnat du monde. De quoi attiser les jalousies, notamment celle de son adversaire pour le titre mondial la saison suivante ; il déclare à propos de la voiture de la Française qu'elle est « si bonne qu'il n'est pas nécessaire qu'un bon pilote soit à son volant pour qu'elle s'impose ». Le même dira plus tard qu'il ne voulait surtout pas « être le premier homme à perdre contre une femme en sports mécaniques ».

Quelques mois plus tard, le titre mondial est à la portée de Michèle Mouton face à son concurrent allemand. Elle a signé trois victoires dans cette saison 1982. Tout se joue alors début novembre, lors du rallye de Côte d'Ivoire, qui commence pour la jeune femme par une terrible nouvelle : en France, son père vient de décéder. Elle veut rentrer immédiatement mais sa mère l'en dissuade : il n'aurait jamais voulu qu'elle rate sa course. Elle s'y résout donc et commence avec son brio habituel, comptant vite 1 heure 15 d'avance, quand elle remarque un problème de boîte de vitesses. La réparation ne durera pas longtemps, lui assure-t-on ; il faut la changer. Mais les mécaniciens allemands mettent le double du temps prévu et remontent la boîte de vitesses en partie... à l'envers ! C'en est fini pour le titre mondial, un symbole qui aurait pu changer tellement de choses pour les femmes et le sport automobile. Fichue boîte de vitesses !

« Celle que l'on surnomme alors « le beau volcan noir » rend fous les Français et la presse quand elle accède au graal : un volant pour disputer le Championnat du monde des rallyes.

Magdalena Neuner

ALLEMANDE — NÉE EN **1987** (GARMISCH-PARTENKIRCHEN)

Athlète la plus titrée du biathlon féminin

Lorsqu'elle prend sa retraite sportive à seulement 25 ans, Magdalena Neuner provoque la stupéfaction dans le monde des sports d'hiver. Après sept ans de carrière et un palmarès incroyable, la biathlète allemande arrête. Sa Fédération tente de la convaincre de continuer encore un peu, ses fans lui écrivent pour la supplier, dépités. En vain. Libre, « Lena » dit stop. En sept ans, elle a tout gagné, tout vécu ; cela suffit, il est temps de passer à autre chose.

Triple vainqueure de la Coupe du monde de biathlon, douze fois championne du monde, double championne olympique, gagnante de trois Gros Globes de cristal : elle n'a pas eu besoin de traverser une décennie de compétitions pour atteindre les sommets. Neuner possède l'un des plus beaux palmarès du sport féminin, et le plus impressionnant du biathlon.

Elle apparaît pour la première fois sur les tablettes lors de la saison 2005-2006 et marque très vite les esprits. À 19 ans, pendant les Championnats du monde 2007, à Antholz, elle triomphe en sprint, en poursuite et en relais. Puis c'est aux Jeux olympiques de Vancouver, en 2010, qu'elle bascule définitivement dans une autre dimension. Très connue, la championne n'a déjà plus grand-chose à prouver, mais elle décroche trois médailles : l'argent sur le sprint, l'or sur la *mass start* et la poursuite. À 23 ans seulement, Magdalena est sur le toit du monde. C'est la *Neunermania* !

Les médias sont fous d'elle ; le magazine *Playboy* lui propose de faire sa couverture : elle refuse. Elle, ce qu'elle veut, c'est vivre tranquillement dans sa maison en Bavière, s'adonner à ses autres passions : le tricot, jouer de la harpe et faire de la moto. Mais plus elle gagne, plus on la regarde. C'est peut-être pour cela qu'elle s'efface à Vancouver et ne prend pas le départ du relais avec ses coéquipières allemandes : sans doute ne souhaite-t-elle pas être au centre des attentions lors d'une épreuve d'équipe ? À l'époque, ce choix passe mal. Officiellement, la Fédération assure qu'il s'agit de sa propre décision pour protéger Neuner, épuisée.

Les revers de ses médailles finissent par avoir raison de sa passion. En 2010, un homme essaie d'entrer chez elle en passant par son balcon. La police l'arrête mais, deux ans plus tard, il revient pour tagger sa voiture d'une déclaration d'amour – ou plutôt d'obsession. Ses fans sonnent à son domicile, l'attendent en bas des hôtels où elle réside ; elle est même menacée de mort par un détraqué… C'en est trop. Par instinct de survie, « *Gold Lena* » arrête.

Elle devient consultante pour la télévision, travaille avec quelques sponsors privés et fonde une famille avec son mari. À son âge, elle a déjà eu plusieurs vies. Et à chaque fois, elle les mène comme elle le souhaite, sans répondre aux attentes « clichés » du monde extérieur.

> **À 23 ans seulement, Magdalena est sur le toit du monde. C'est la Neunermania !**

Je maîtrise les cimes et les cibles!

Femme libre, toujours tu chériras la mer !

Kirsten Neuschäfer

SUD-AFRICAINE – NÉE EN **1982** (PORT ELIZABETH)

Première femme à remporter une course de voile autour du monde en solitaire

Cette course, la Golden Globe Race, est surnommée « *the voyage of madmen* » (« le voyage des hommes fous »). Kirsten Neuschäfer est une femme, et elle n'est pas folle, mais elle l'a gagnée.

Le 4 septembre 2022, aux Sables-d'Olonne, parmi les seize concurrents, quinze hommes et la Sud-Africaine se préparent à prendre le départ de cette course autour du monde en solitaire, sans escale ni aide électronique. Une seule règle : on navigue comme dans les années 1960, avec l'interdiction d'utiliser des outils créés après cette décennie. À bord de son monocoque Cape Georges 36, nommé *Minnehaha*, qu'elle a elle-même construit pendant des mois, Kirsten Neuschäfer s'apprête à vivre sa toute première course.

Depuis toujours, la navigatrice est passionnée d'aventure. Elle ne se sent bien que dehors et dans les grands espaces. À 22 ans, elle parcourt 15 000 kilomètres à vélo en reliant l'Europe à l'Afrique du Sud. À 26 ans, elle décide de faire de la navigation son métier : férue de voile depuis l'enfance, elle s'occupe de livrer des bateaux par la mer et acquiert, au fur et à mesure des transferts, une sérieuse expérience marine.

Malgré ce bagage de compétences qu'elle embarque avec elle ce 4 septembre 2022, au départ de la Golden Globe Race, elle doute. C'est sa première course et elle a choisi l'une des plus dures et des plus effrayantes qui puisse exister. Et s'il y avait trop de vent ? Pas assez ?

Mais Neuschäfer domine la compétition et prend même le temps d'aller sauver un concurrent, dont le bateau a chaviré au large de l'Afrique du Sud. Après 154 jours en mer, elle franchit la première le cap Horn alors que douze de ses concurrents ont déjà abandonné.

233 jours, 18 heures, 43 minutes et 47 secondes après son départ des Sables-d'Olonne, la Sud-Africaine remporte la Golden Globe Race et devient la première femme de l'histoire à terminer en tête une course autour du monde en solitaire, en plus d'être la première femme à franchir le cap Horn en tête d'une compétition. Ce titre, alors qu'elle participait à sa toute première course, lui vaut une attention immense. On veut faire de Kirsten Neuschäfer un symbole : elle refuse. Elle ne veut pas être considérée comme une femme mais comme une participante parmi les autres, sans distinction de genre. Mais elle tient à établir un lien entre le 27 avril 2023, jour de sa victoire, et le 27 avril en Afrique du Sud, appelé « jour de la liberté » puisque c'est à cette date, en 1994, qu'ont eu lieu les premières élections après la fin de l'apartheid.

Lors de la conférence de presse qui suit son arrivée victorieuse, elle confie, émue : « Quand on pense à ce que veut dire ce mot, *liberté*, je suis fière d'appartenir à ma génération. Personne ne m'a jamais empêchée de faire ce que je veux. Ça aurait été sans doute plus difficile pour la génération de ma mère. »

La liberté : c'est quand on sait qu'elle n'a pas toujours existé qu'on en profite le plus.

Neuschäfer domine la compétition et prend même le temps d'aller sauver un concurrent, dont le bateau a chaviré au large de l'Afrique du Sud.

Momiji Nishiya

JAPONAISE – NÉE EN **2007** (MATSUBARA)

Première championne olympique de skateboard

On peut être une pionnière de son sport et être née en… 2007. C'est le cas de Momiji Nishiya, toute jeune Japonaise devenue la première championne olympique de l'histoire du skateboard, chez elle, lors des Jeux de Tokyo en 2021. Le skateboard, sport jeune et spectaculaire, fait alors son entrée au programme : l'idée du Comité international olympique est de rajeunir l'audience.

Pour ce qui est de rajeunir les participants, c'est réussi dès cette première édition : le 26 juillet 2021, Nishiya, 13 ans et 330 jours, remporte l'épreuve de *street* dames devant la Brésilienne Rayssa Leal, 13 ans et 203 jours, et une autre Japonaise, Funa Nakayama, 16 ans. Sur les huit finalistes, six d'entre elles ont entre 13 et 20 ans ! 62 jours de moins et Nishiya battait le record de précocité olympique pour une médaille d'or, celui de la plongeuse Marjorie Gestring…

Le *street* est pourtant une discipline très exigeante qui demande technique, vitesse et sang-froid. Bien que son visage poupon ne le laisse pas deviner, la jeune fille originaire des environs d'Osaka maîtrise tout cela et enchaîne les cinq *tricks* (« figures ») imposées sans trembler, sur un parcours ressemblant à une rue.

Celle qui a commencé le skate en imitant son grand frère s'est entraînée toute sa (courte) vie et a déjà fait parler d'elle : en 2019, à seulement 11 ans, elle est remarquée pendant les X Games, célèbre compétition de sports extrêmes. Elle remporte l'argent. Deux ans plus tard, elle finit aussi deuxième aux Mondiaux de Rome, du haut de son 1,55 mètre et de ses 45 kilos. Son triomphe à Tokyo n'est donc une surprise pour personne.

Dans cette discipline longtemps réservée aux garçons, qui avaient autrefois du mal à leur laisser la place dans les *skate parks*, les adolescentes comme Momiji Nishiya s'affirment et représentent des modèles pour toutes. Et elles continueront à l'être lors des Jeux de Paris, dans l'écrin de la place de la Concorde. Nishiya aura alors seulement 16 ans !

Le *street* est une discipline très exigeante qui demande technique, vitesse et sang-froid.

Comme sur des roulettes !

Il est temps que les femmes fassent mouche!

Ellen Osiier

DANOISE – **1890** (HJØRRING) - **1962** (COPENHAGUE)

Première escrimeuse championne olympique

Elle pose fièrement, son fleuret dans la main droite, son casque au creux du bras gauche. Avec son sourire franc, ses cheveux courts et bouclés, elle semble regarder à côté de l'objectif, un peu maladroite. Sa longue jupe noire et ses épais collants sont les marques d'un autre temps, celui où les tenues des sportives se devaient d'être féminines avant d'être pratiques.

Ellen Osiier a 33 ans quand elle arrive à Paris, où se tiennent les Jeux olympiques d'été 1924. Malgré quelques résistances d'hommes obtus, l'olympisme s'ouvre petit à petit aux femmes et, cette année-là, en escrime, le fleuret leur est autorisé.

Les duels ont lieu au Vélodrome d'Hiver. La Danoise lance la compétition et la traverse sans encombre ni doute. À l'époque, le quotidien sportif *L'Auto*, ancêtre de *L'Équipe*, la qualifie de « vive et prompte » ; c'est peu de le dire. Seize assauts victorieux sur seize, 80 touches données, 34 prises ; elle ne laisse aucune chance à ses adversaires et remporte la médaille d'or sans jamais avoir été véritablement inquiétée par la concurrence. En finale, elle bat l'Anglaise Gladys Davis et devient ainsi la première championne olympique d'escrime de l'histoire. Sur la troisième marche du podium, en bronze, une autre Danoise, Grete Heckscher. Ce sera le seul titre majeur d'Ellen Osiier : il n'existe pas en ce temps-là de Championnat du monde d'escrime féminin, et les archives danoises ne trouvent pas trace de victoire de leur championne olympique dans les compétitions nationales.

Peu importe qui l'arbore : cette médaille d'or est pleine de symboles, tant ce sport a eu du mal à s'ouvrir aux femmes. Se battre en duel est alors une affaire d'hommes. Au Congrès olympique de 1921, l'idée de créer une compétition d'escrime féminine émerge ; le Comité international olympique laisse le choix à la Fédération internationale d'escrime, et c'est le fleuret qui est élu pour que ces dames puissent enfin participer à la grand-messe du sport – vingt-huit ans après leur création.

Le reste prendra un temps fou. Car si le fleuret féminin devient olympique en 1924, l'épée ne fait son apparition aux Jeux qu'en 1996 et le sabre… en 2004.

L'occasion d'ailleurs de rappeler (cocorico !) que la première championne olympique d'épée est française et se nomme Laura Flessel (voir page 68).

> ***Cette médaille d'or est pleine de symboles, tant ce sport a eu du mal à s'ouvrir aux femmes. Se battre en duel est alors une affaire d'hommes.***

Kristin Otto

ALLEMANDE – NÉE EN **1966** (LEIPZIG)

Première femme à remporter six titres en une seule édition de Jeux olympiques

Un exploit absolu et historique ! C'est ce que Kristin Otto a réussi aux Jeux olympiques de Séoul, en 1988, devenant la première femme à remporter six médailles d'or en une seule édition. Elle a aussi collectionné sept médailles d'or aux Championnats du monde. Un triomphe individuel et le triomphe d'un système, celui de l'Allemagne de l'Est des années 1980, qui utilisait le sport – parfois aux dépens des sportifs – pour rayonner.

Otto est née au cœur de la guerre froide, à Leipzig, en RDA, et a appris à nager en Russie, dans la Volga, quand sa famille vivait à Doubna. Son talent est vite repéré et dès ses 11 ans, elle est « recrutée » pour un programme d'État qui cherche de futurs champions de natation.

S'ensuivent des années d'entraînement intensif qui vont rapidement payer : en 1982, à seulement 16 ans, elle remporte trois médailles d'or aux Mondiaux en Équateur. Elle bat son premier record du monde, celui du 4 × 100 mètres quatre nages, preuve de son excellence dans toutes les techniques. L'année suivante, elle réussit à faire « tomber » le mur de la minute : 100 mètres dos en 59,97 secondes.

En 1984, l'occasion est belle de briller aux Jeux de Los Angeles, mais malheureusement pour la jeune fille, tous les pays du bloc de l'Est décident conjointement de boycotter les JO américains. Comme si la déception n'était pas assez forte, Kristin Otto se blesse aux vertèbres et doit porter une minerve pendant de longs mois. Les médecins lui conseillent d'arrêter la natation, mais elle reprend l'entraînement puis décroche quatre médailles d'or et deux médailles d'argent aux Championnats du monde de Madrid, en 1986 – sans même participer aux épreuves de sa spécialité, le dos, pour progresser sur les autres. Ce choix audacieux lui permet de tout gagner à Séoul, en 1988, à savoir les six épreuves auxquelles elle est inscrite : le 100 mètres nage libre le 19 septembre, le 100 mètres dos et le relais 4 × 100 mètres le 22, le 100 mètres papillon le 23, le relais 4 × 100 mètres quatre nages le 24, et enfin le 50 mètres nage libre le 25 !

Le succès est total. La reconnaissance du Parti communiste aussi : la jeune championne est logée dans un confortable appartement du centre-ville de Leipzig, un luxe en Allemagne de l'Est. En 1989, elle prend part à une dernière grande compétition, les Championnats d'Europe, à Bonn, et s'adjuge encore deux médailles d'or avant de mettre un terme à sa carrière sportive, à seulement 23 ans, pour se consacrer à ses études de journalisme.

Quelques semaines plus tard, le Mur tombe et ses secrets avec lui, notamment le dopage d'État instauré par la RDA. On apprend qu'un contrôle antidopage positif de Kristin Otto aurait été dissimulé en 1989. De quoi jeter un trouble sur ses performances, même si elles n'ont jamais été officiellement remises en cause.

> *Un triomphe individuel et le triomphe d'un système, celui de l'Allemagne de l'Est des années 1980, qui utilisait le sport – parfois aux dépens des sportifs – pour rayonner.*

Les sirènes n'ont qu'à bien se tenir !

Des passes en arrière, mais on va de l'avant !

Farah Palmer

NÉO-ZÉLANDAISE — NÉE EN **1972** (TE KUITI)

Première femme à siéger à la Fédération néo-zélandaise de rugby

Là-bas, le rugby est une religion, le sport ultime, total, où se mélangent culture du jeu et traditions ancestrales. La Nouvelle-Zélande domine le monde ovale depuis des décennies, qu'il s'agisse de l'équipe masculine, les All Blacks, ou de l'équipe féminine, les Black Ferns.

Au début des années 1980, dans l'ambiance très rurale de Piopo, petite ville de 500 habitants située sur l'île du Nord, une fillette d'à peine 10 ans touche un ballon de rugby pour la première fois de sa vie. Elle s'appelle Farah Rangikoepa Palmer. À l'école, un professeur a décidé de monter une équipe de rugby pour les filles ; Farah s'est proposée et se retrouve donc sur le terrain pour une démonstration, juste avant le match des garçons. Des moqueries amusées descendent des tribunes mais Farah s'en fiche : quelque chose vient de se passer en elle, comme un coup de foudre.

À Dunedin, où elle fait ses études supérieures, elle s'entraîne dans des conditions plus professionnelles, plus sérieuses. On lui demande de jouer pilier, elle refuse et insiste : elle sera talonneuse, elle le sait. C'est donc avec le numéro 2 sur son maillot noir que Farah Palmer devient une légende des Black Ferns. En 1998, elle est nommée capitaine et gagne la première des trois Coupes du monde de son palmarès.

35 sélections et une sublime carrière plus tard, elle prend sa retraite juste après le titre mondial de 2006. Les hommages pleuvent, elle entre au World Rugby Hall of Fame et continue de s'impliquer dans le développement du rugby féminin et maori. En 2015, la Fédération néo-zélandaise souhaite renommer le championnat féminin et sonde les clubs. C'est un plébiscite : ils choisissent Farah Palmer à l'unanimité.

C'est en 2016 qu'elle marque véritablement l'histoire en étant la première femme à siéger au conseil d'administration de la Fédération. Elle porte ainsi non seulement la voix des joueuses de son pays mais aussi celle des Maoris, se bat pour la diversité, l'inclusion, le développement de la performance dès le plus jeune âge chez les filles… Elle mène campagne pour que la Coupe du monde féminine 2021 ait lieu en Nouvelle-Zélande pour la première fois de l'histoire. Son discours devant le conseil de World Rugby, la Fédération internationale, est si remarquable qu'elle obtient très facilement l'organisation de la compétition.

Petit à petit, elle fait entrer d'autres femmes au conseil d'administration, comme les anciennes joueuses Jennifer Kerr et Nicola O'Rourke : « Je me suis toujours dit que j'avais une chance incroyable d'avoir été la première femme à entrer au conseil d'administration, mais que je ne voulais pas non plus être la seule et la dernière ! Je veux encourager encore plus de filles et de femmes à se porter candidates. »

Professeure à l'université Massey, elle met en place des programmes d'aides et de bourses pour permettre à des élèves maoris d'accéder au même niveau d'études que n'importe quel Néo-Zélandais. En 2023, elle est promue chevalier compagnon de l'ordre du Mérite pour l'ensemble de son œuvre.

Des moqueries amusées descendent des tribunes mais Farah s'en fiche : quelque chose vient de se passer en elle, comme un coup de foudre.

Danica Patrick

AMÉRICAINE – NÉE EN **1982** (BELOIT)

Première pilote à gagner en IndyCar

Depuis toujours, les championnats majeurs de sport automobile laissent peu de place aux femmes, et encore moins sur le chemin de la victoire. Une seule pour l'instant a réussi à gagner une course : l'Américaine Danica Patrick, victorieuse en 2008 d'une course d'IndyCar, le meilleur de la course auto aux États-Unis. Elle demeure l'une des sportives les plus célèbres et appréciées dans son pays, mais avant comme après ce succès historique, elle a dû affronter beaucoup de critiques. Trop légère et donc avantagée (les voitures sont pesées sans leur pilote pour être autorisées à rouler), trop jolie, trop présente dans la presse… rien ne lui est épargné et elle luttera toute sa carrière pour être prise au sérieux.

C'est pourtant elle qui a rendu son sport plus visible que jamais grâce à sa présence et à son talent. Talent façonné comme tous les pilotes, en pratiquant très jeune et très assidûment le karting, d'abord un hobby commencé un peu par hasard avec sa petite sœur et leurs parents. Dès ses 16 ans, elle décide de faire de la course automobile son métier et, pour mettre toutes les chances de son côté, s'exile seule en Angleterre, où elle complète sa formation de pilote et suscite rapidement, pour son coup de volant, l'intérêt des investisseurs et des gens du milieu. Elle rentre ensuite au pays et Bobby Rahal, un ancien pilote qui croit en elle, lui fait intégrer son écurie, d'abord dans les championnats mineurs, puis progressivement dans l'antichambre de l'IndyCar et enfin dans la catégorie reine en 2005. Lors de ses premiers 500 miles d'Indianapolis, course mythique du championnat, elle se fait remarquer comme étant l'une des pilotes les plus rapides. Elle va même, c'est inédit pour une femme, mener la course pendant plusieurs tours. Elle est élue meilleure débutante de la course, puis meilleure débutante de la saison (« *Rookie of the year* ») et devient alors la chouchoute du public américain.

Et c'est à ce moment-là que les critiques commencent : elle profiterait du règlement technique de par son faible poids par rapport à ses concurrents, on ne parlerait d'elle que grâce à son physique avantageux… sans compter les remarques gênantes, comme cette phrase de l'un de ses adversaires, qui dit d'elle et de son pilotage, en 2006 : « Elle est très agressive au bon moment du mois ! » Quand on demande à un ancien pilote si elle remportera un jour une course, voici ce qu'il répond : « Oui, si tout le monde reste à la maison. » Le patron de la Formule 1, Bernie Ecclestone, y va lui aussi de ses commentaires misogynes, quand on évoque la possibilité pour Patrick de se qualifier pour rejoindre la grille de départ : « Les femmes sont trop fragiles pour piloter. »

Mais rien de tout cela n'arrête la pilote d'1,57 mètre, qui squattera progressivement les podiums avant la consécration et cette victoire au Japon, le 20 avril 2008, sur le circuit de Motegi, qui la fait entrer dans l'histoire puisqu'elle est la première femme à s'imposer dans un championnat majeur de monoplaces. Pourtant, ce jour-là, aucun pilote n'était resté à la maison ! Il n'y aura pas d'autre succès en IndyCar pour celle qui court ensuite pour le Nascar, championnat de courses typiquement américaines, dans une autre catégorie de voiture, le *stock-car*. En 2013, elle réussit à décrocher la *pole position* au Daytona 500, devenant la seule femme, là aussi, à réaliser cet exploit. À la vitesse de 196,434 miles à l'heure, soit… 316,129 kilomètres à l'heure. Pas si fragile, finalement !

« Rien ne lui est épargné et elle luttera toute sa carrière pour être prise au sérieux. »

En pole position pour l'égalité !

De l'or, de la tête aux pieds !

Marie-José Pérec

FRANÇAISE – NÉE EN **1968** (BASSE-TERRE)

Première Française à avoir été trois fois championne olympique

C'est une légende. De celles que même les moins de 20 ans peuvent connaître... Marie-José Pérec, « la gazelle », a marqué l'histoire du sport français et, plus particulièrement, l'histoire de l'athlétisme.

En plein été 1992, les Jeux olympiques rythment les journées du monde entier. Le 5 août, huit femmes s'affrontent en finale du 400 mètres. Sur France 2, le commentateur prévient : « Notre Marie-José est au couloir numéro 5. Le regard sur le sol, le regard vers le ciel, toujours sa montre au poignet, elle essaye de ne pas se laisser distraire par les encouragements des 3 000 supporters français dans le stade. »

À 24 ans, Pérec arrive auréolée d'un titre de championne du monde glané l'année précédente. Le départ est donné ! Le stade s'embrase. La première partie de la course de Marie-José est prudente, la dernière ligne droite donne des frissons. La gazelle fournit un effort surhumain pour reprendre le dessus sur sa rivale Olga Bryzgina. Ça passe ! 48,85 secondes : le record de France et un premier titre olympique pour la jeune femme.

Quatre ans plus tard : les Jeux olympiques d'Atlanta aux États-Unis. Marie-Jo continue d'écrire sa légende et devient la première athlète à décrocher trois titres olympiques à quatre ans d'intervalle. Car cette année-là, la Guadeloupéenne ne se contente pas de remporter l'or sur le 400 mètres, non ! Elle gagne aussi le 200 mètres, après un mauvais départ, en coiffant ses adversaires dans les 30 derniers mètres, et en s'imposant devant la légende jamaïquaine Merlene Ottey. Chez les hommes, l'Américain Michael Johnson réalise lui aussi ce doublé 200-400 mètres.

Ce sera le dernier titre majeur de Marie-José Pérec. Dans les années qui suivront, la star de l'athlétisme connaîtra de nombreux ennuis physiques et souffrira de problèmes cardiaques diagnostiqués en 1998.

Elle débarque malgré tout à Sydney pour les JO 2000, après une préparation difficile et des tâtonnements pour choisir son entourage sportif. Là-bas, la gazelle, alors immense star et tête d'affiche, ne loge pas au village olympique, qu'elle considère peu compatible avec son besoin de calme. Mais devant son hôtel australien, les journalistes sont trop nombreux, trop oppressants : l'ambiance s'avère intenable. Alors qu'on l'attend au départ du 400 mètres, son couloir demeure désespérément vide : Pérec est annoncée comme « DNS » (« *did not start* »). La Française a quitté l'Australie à cause d'une insupportable pression.

En 2003, elle est espérée aux Championnats du monde de Paris, mais une blessure au nerf sciatique la contraint à prendre définitivement sa retraite sportive.

Libre, légendaire, fascinante, elle est la première athlète française à avoir remporté des titres européens, mondiaux et olympiques dans une discipline individuelle. Star malgré elle, allergique aux paillettes, Marie-Jo restera pour toujours dans les cœurs français.

« Le regard sur le sol, le regard vers le ciel, toujours sa montre au poignet, elle essaye de ne pas se laisser distraire par les encouragements des 3 000 supporters français dans le stade. »

Marinette Pichon

FRANÇAISE — NÉE EN **1975** (BAR-SUR-AUBE)

Première footballeuse française professionnelle

L'histoire du football féminin débute en Europe au début du XXe siècle, quand des Anglaises d'abord, puis des Françaises, se mettent à y jouer. Mais elle connaît de longues périodes de vide : en France, le football est interdit aux femmes pendant le régime de Vichy, et il l'est jusqu'en 1971 en Angleterre. L'Allemagne et l'Italie y vont aussi de leurs interdictions concernant ce sport, dont la pratique est jugée trop dangereuse pour les femmes – pourquoi ? bonne question ! – et trop impudique : « Les spectateurs qui se groupent autour de telles compétitions n'y viennent point pour voir du sport », avait d'ailleurs affirmé Pierre de Coubertin, jamais le dernier pour dénigrer la présence des femmes dans le sport.

Le football féminin n'est reconnu par la Fédération que depuis cinq ans lorsque naît la première vedette française du football, le 26 novembre 1975, dans l'Aube. Marinette Pichon se soucie peu des préjugés ; dès ses 5 ans, elle sait qu'elle veut jouer avec le ballon rond et elle fait ses débuts à Brienne-le-Château, soutenue par sa mère. Le football lui permet d'oublier ce qu'elle subit chez elle, aux côtés d'un père alcoolique et violent. La jeune fille est brillante et son talent d'attaquante se révèle au club de Saint-Memmie, près de Châlons-en-Champagne, qu'elle emmène jusqu'en première division. Elle passe vingt ans au club avant de s'envoler en 2002 pour les États-Unis, à Philadelphie, où elle devient la première footballeuse professionnelle française, la première à faire de sa passion son métier. Et ce, avec succès, dès sa première saison outre-Atlantique, puisqu'elle est élue révélation de l'année.

À son retour en France, elle rejoint le club de Juvisy, avec lequel elle finit championne de France en enchaînant les buts. Elle en inscrit 38 en 2005, un record à l'époque ! Elle porte pendant presque treize ans le maillot bleu de l'équipe de France et reste jusqu'en 2020 la détentrice du record de buts (81) chez les tricolores, femmes et hommes confondus. Aussi douée sur le terrain qu'incisive en dehors, elle a toujours dénoncé le manque de reconnaissance des footballeuses et lutté contre les discriminations, notamment celles qui touchent les personnes homosexuelles. Première vedette du football féminin français, elle a même eu les honneurs en 2023 d'un biopic au cinéma – le premier, en France, consacré à une sportive –, sobrement intitulé *Marinette*.

Aussi douée sur le terrain qu'incisive en dehors, elle a toujours dénoncé le manque de reconnaissance des footballeuses et lutté contre les discriminations.

Et un, et deux, et mille-zéro !

Une petite foulée pour la femme, un grand pas pour l'humanité !

Lina Radke

ALLEMANDE — **1903-1983** (KARLSRUHE)

Première championne olympique du 800 mètres

« La participation des femmes aux Jeux, j'y demeure hostile. C'est contre mon gré qu'elles ont été admises à un nombre grandissant d'épreuves. » Cette phrase a été prononcée en 1928 par Pierre de Coubertin, plus connu pour sa sportivité que pour sa misogynie (finalement assez banale pour l'époque).

Pourtant, en 1928, l'olympisme ouvre quelques épreuves d'athlétisme aux femmes : le 100 mètres, le relais 4 × 100 mètres, le saut en hauteur, le lancer de disque et le 800 mètres. Cette année-là, Lina Radke, jeune Allemande de 25 ans, arrive aux JO d'Amsterdam. Comme elle s'est offert, en 1927, le record du monde sur 800 mètres, elle se présente naturellement sur la piste. La jeune femme est dans son couloir, déterminée à en découdre. À vos marques, prêtes, partez ! 2 minutes, 16 secondes et 8 centièmes plus tard, Lina n'a laissé aucune chance à ses concurrentes et a dominé la course du début à la fin, améliorant au passage son record du monde. Elle devient la première championne olympique du double tour de piste.

Devant le spectacle de cette jeune femme, avec sa coupe à la garçonne, qui pulvérise ses concurrentes et transpire à peine après avoir franchi la ligne d'arrivée, les décideurs de l'époque, « demeurant hostiles » à la présence de femmes aux Jeux olympiques, s'habillent de mépris et se drapent dans le rejet. Qu'est-ce que c'est que cette coureuse, pas féminine pour un sou, qui se présente sans prendre le soin de plaire à ces messieurs ? Qu'est-ce que c'est que cette coureuse qui dégage une puissance phénoménale et ne se prive pas d'exposer sa vitesse et ses ambitions ?

C'en est trop. Dans la foulée, le Comité international olympique interdit aux femmes les courses supérieures à 200 mètres (pour les trente-deux années suivantes). Non mais ! Le comité médical du CIO est formel : les femmes sont trop fragiles pour une distance longue et cela pourrait même avoir des répercussions sur leurs fonctions reproductrices.

Du haut de ses 25 ans, Lina Radke encaisse le(s) coup(s). Tandis qu'elle est moquée dans la presse pour son manque de grâce, ses performances sont regardées avec hauteur et suspicion. Pourtant, elle ne lâche pas le demi-fond, continue de s'entraîner, participe aux compétitions qui lui sont autorisées, comme les Jeux mondiaux féminins de 1934, avant de mettre un terme à sa carrière et de devenir entraîneuse.

Lina Radke incarne, sans forcément l'avoir voulu, une femme insoumise, victime d'une époque où le machisme ambiant était tellement ordinaire qu'on trouvait normal de considérer les disciplines féminines comme « impratiques, inintéressantes et inesthétiques » (décidément, Pierre de Coubertin ne pouvait pas avoir un avis plus clair sur le sujet).

En 1960, Rome accueille les Jeux olympiques et les femmes sont de nouveau intégrées aux épreuves d'athlétisme dont la distance dépasse le tour de stade. La Russe Lyudmila Shevtsova succède à Lina Radke.

Qu'est-ce que c'est que cette coureuse, pas féminine pour un sou, qui se présente sans prendre le soin de plaire à ces messieurs ?

Shelley Rae

ANGLAISE – NÉE EN **1976** (CAMBRIDGE)

Première femme élue meilleure joueuse de rugby du monde

« *Meet the female Wilko* ». Traduction : « Voici la Jonny Wilkinson au féminin ». Cet article d'un média anglais date de la fin des années 1990. Si l'intention de départ est plutôt bonne – et certainement sincère –, le titre témoigne de cette singulière facilité à comparer une femme à un homme pour décrire son grand talent.

Shelley Rae, c'est Shelley Rae. Unique et pionnière, cette joueuse de rugby, née à Cambridge en 1976, est la première femme de l'histoire à avoir été désignée meilleure joueuse du monde, en 2001. L'éternelle comparaison avec Jonny Wilkinson, qui est encore évoquée très souvent, vient de son poste, demie d'ouverture, et de sa grande fiabilité face aux poteaux. Buteuse exceptionnelle, elle a marqué 258 points en 44 sélections avec l'Angleterre.

Pourtant, le rugby arrive totalement par hasard dans la vie de Shelley. Un soir de 1995, elle accompagne sa sœur et le petit ami de cette dernière au Shelford Rugby Club pour assister à un entraînement de l'équipe masculine. Sur le terrain d'à côté, l'équipe féminine, elle, est à l'arrêt. Il manque des joueuses pour pouvoir constituer deux équipes complètes. Y a-t-il des volontaires, à tout hasard ? Shelley se propose ; après tout, pourquoi pas, voilà une bonne occasion pour elle de vaincre sa grande timidité et se faire des amies. L'expérience est douloureuse, elle se casse le coccyx, rentre chez elle couverte de boue et de bleus mais déclare à sa mère : « J'ai aimé chaque seconde passée sur ce terrain ! »

Peu importe si son entourage reste un peu dubitatif et lui explique que le rugby est plutôt un sport de garçon : sa passion est née. Deux ans plus tard, elle est sélectionnée avec l'Angleterre et devient rapidement la numéro 10 incontournable du XV de la Rose.

En 2001, Shelley Rae fait partie de l'équipe anglaise qui bat la Nouvelle-Zélande après dix ans de défaites ; elle marque même son premier essai international lors de ce match, en plus de convertir tous les points au pied. À la fin de cette année phénoménale, elle est élue meilleure joueuse du monde alors que cette distinction apparaît pour la première fois de l'histoire.

Elle participe ensuite à deux Coupes du monde, en 2002 et 2006. À chaque fois, l'Angleterre échoue en finale face aux Néo-Zélandaises, la bête noire éternelle.

Sa carrière aurait pu être plus riche encore si elle n'avait pas connu un grand nombre de blessures, notamment une au genou en 2005, qui l'a éloignée des terrains pendant plus d'un an. À chaque fois, la jeune femme est revenue à son meilleur niveau, incontestable. Quand elle annonce sa retraite en 2008, le monde du rugby lui rend un hommage collectif et unanime.

Depuis, Shelley Rae est mère de trois enfants qu'elle a adoptés avec Nic Evans, une ancienne joueuse du pays de Galles. Cette dernière a d'ailleurs longtemps été la seule femme directrice d'un club de rugby. Qui se ressemble a tendance à s'assembler.

L'expérience est douloureuse, elle se casse le coccyx, rentre chez elle couverte de boue et de bleus mais déclare à sa mère : « J'ai aimé chaque seconde passée sur ce terrain ! »

Les préjugés, j'en fais des transformations !
shelley
shelley

Born in the ballon rond !
mr
C

Megan Rapinoe

AMÉRICAINE – NÉE EN **1985** (REDDING)

Première footballeuse à réclamer l'égalité

Le sens du but et de l'engagement : cette formule pourrait résumer la carrière de la footballeuse américaine Megan Rapinoe ! Le sens du but, elle le développe dès son plus jeune âge avec sa sœur jumelle, Rachael. Les deux petites se mettent au football pour imiter leur grand frère Brian et échapper au triste quotidien de la ville de Redding, dans le nord de la Californie, où les problèmes de drogue sont légion. Le grand frère adoré est d'ailleurs arrêté pour trafic et incarcéré alors que Megan a tout juste 10 ans. Cette dernière joue pour oublier, et s'avère vite inoubliable : au lycée, dans son club de Sacramento, comme à l'université de Portland, la jeune femme se rend indispensable et « décisive ».

Elle débute sa carrière dans la nouvelle ligue professionnelle féminine, en 2009, à Chicago, avant de jouer à Philadelphie, à Seattle ainsi qu'à Lyon, où elle remporte deux titres de championne de France en 2013 et 2014. Mais c'est surtout l'équipe nationale américaine qui fait sa gloire – et dont elle fait la gloire ! – lorsqu'elle gagne le titre olympique en 2012, à Londres, et deux Coupes du monde en 2015 et en 2019 ; cette année-là, Megan est élue Ballon d'or et Soulier d'or, c'est-à-dire meilleure buteuse du Mondial en France.

Preuve de son engagement, sur les pelouses françaises, elle refuse de chanter l'hymne national américain, en signe de protestation contre la politique menée par Donald Trump. Elle s'oppose également à l'idée de se rendre à la Maison-Blanche après le succès américain, reprochant au président d'« exclure les gens qui [lui] ressemblent ». La joueuse s'est publiquement exprimée sur son homosexualité et s'est engagée non seulement en faveur des droits des personnes homosexuelles, mais aussi dans la lutte contre les violences sexuelles dans le sport, contre le racisme et les violences policières.

Cependant, son principal combat est celui de l'égalité de salaire entre joueurs et joueuses de football aux États-Unis : bien que les résultats sportifs de l'équipe féminine soient largement meilleurs que ceux de l'équipe masculine, les salaires des joueuses restent bien inférieurs. Megan Rapinoe et son équipe décident, en 2019, d'attaquer en justice la Fédération américaine en l'accusant de ne pas respecter l'égalité des chances en matière d'emploi. Un long combat, qui connaît finalement une issue positive en 2022 : les salaires et les primes entre les équipes féminines et masculines seront désormais identiques.

En 2023, elle achève sa carrière à l'issue de la Coupe du monde, qui se tient en Australie et en Nouvelle-Zélande. L'équipe américaine est éliminée dès les huitièmes de finale, mais en conférence de presse, Megan Rapinoe se souvient de la plus belle de ses victoires : « Bien sûr, il y a eu les Coupes du monde disputées, les Championnats remportés ; mais savoir qu'on a utilisé notre talent pour faire quelque chose qui a changé le monde pour toujours, c'est ce qui compte le plus pour moi. »

> ***Preuve de son engagement, elle refuse de chanter l'hymne national américain, en signe de protestation contre la politique menée par Donald Trump.***

Ronda Rousey

AMÉRICAINE – NÉE EN **1987** (RIVERSIDE)

Première femme championne de MMA

« Moi vivant, jamais une femme n'entrera dans la cage, jamais ! » Cette phrase est prononcée en 2011 par Dana White, le patron de l'UFC (Ultimate Fighting Championship). La cage, c'est cet espace confiné en forme d'octogone de neuf mètres de diamètre, entouré d'un grillage, et l'UFC, l'organisateur des combats de MMA (« *mixed martial arts* »), un sport de combat mélangeant plusieurs disciplines comme la lutte, le judo ou la boxe thaïe.

La grande violence assumée de ces combats libres était, il y a encore peu de temps, réservée aux hommes. Mais un an après la phrase prononcée par Dana White, une certaine Ronda Rousey devient la première femme à combattre en MMA. Il faut dire que l'Américaine a de quoi convaincre.

C'est d'abord sur les tatamis que « Rowdy » exprime toute sa puissance. Fille d'une championne du monde de judo, elle enfile le kimono dès ses 11 ans. Championne des États-Unis en 2004, championne des Jeux panaméricains en 2007, elle remporte la médaille de bronze lors des Jeux olympiques de Rio en 2016 : elle est la première judokate américaine à monter sur un podium olympique. Dans le monde protocolaire du judo, Rousey détonne. Avant chaque combat, elle prévient son adversaire : « Je vais te péter le bras ! »

Justement, l'aspect très règlementé du judo finit par la lasser, et sa droiture l'empêche de tolérer les soupçons de corruption qui pèsent sur la Fédération. Elle quitte les tatamis à 21 ans seulement. Vont suivre quelques années difficiles, de nuits dans sa voiture et de petits boulots sans intérêt pour gagner de quoi survivre.

Le MMA représente alors une fenêtre d'espoir, un moyen de sortir de sa précarité. Ses débuts sont tonitruants : la jeune femme écœure ses adversaires en ne leur laissant aucune chance et, très vite, crée autour d'elle une curiosité grandissante. À tel point que Dana White, le fameux patron de l'UFC, se dit que, finalement, il y a peut-être quelque chose à en tirer – de l'argent, évidemment.

Le 6 décembre 2012, Ronda Rousey fait son entrée dans la cage, devient la première championne féminine de MMA et renfloue ses comptes dans la foulée, empochant 120 000 dollars à chaque victoire. Voici, pour White, une nouvelle et immense source de revenus. Pendant environ cinq années, Ronda règne sur le MMA. C'est elle qui détient le plus grand nombre de victoires consécutives – douze –, hommes et femmes confondus. En moyenne, elle se défait de son adversaire en 59 secondes. Le 28 février 2015, elle en met 14 à soumettre sa compatriote Cat Zingano : c'est le deuxième combat le plus rapide de l'histoire.

Mais deux défaites, en 2015 et 2016, lui font prendre conscience qu'elle n'est plus reine en son royaume. En 2015, elle se lance dans une carrière de catcheuse tout aussi lucrative puis joue au cinéma, notamment dans *Expendables 3* et *Fast and Furious 7*.

Alors qu'elle n'a plus mis les pieds dans une cage depuis 2016, des rumeurs l'annoncent régulièrement de retour. Pour le moment, elle ne leur donne pas raison.

> ***Avant chaque combat, elle prévient son adversaire : « Je vais te péter le bras ! »***

Zéro bla-bla pour être championne de MMA !

Et encore, j'ai pas mis mon maillot de bain !
ITA

Maria Scutti

ITALIENNE – **1928** (ALTINO) - **2005** (LIEU INCONNU)

Athlète la plus titrée de l'histoire en une seule édition de Jeux paralympiques

Il faut attendre 1960 pour que les premiers Jeux paralympiques de l'histoire soient organisés. À Rome, 400 athlètes de 23 nationalités différentes s'affrontent pendant huit jours. La délégation italienne arrive avec 65 représentants. Parmi eux, Maria Scutti, véritable touche-à-tout et sacrée championne. Cette année-là, elle devient l'athlète la plus titrée lors d'une édition de Jeux paralympiques, avec quinze médailles glanées. Ces quinze médailles constituent un véritable record, qu'aucun autre sportif paralympique, hommes et femmes confondus, ne pourra égaler.

Pour obtenir un tel nombre de podiums, l'Italienne ne se contente pas de concourir dans un seul sport, mais dans quatre : en athlétisme, avec le lancer de javelot et le lancer de poids, en natation, où elle prend le départ des 50 mètres brasse et 50 mètres dos, en escrime, où elle pratique le fleuret, et enfin en tennis de table en double dames. Une athlète complète qui réussit tout ce qu'elle attaque !

En 1960, à Rome, l'Italie termine en tête du tableau avec 80 médailles dont 29 en or : dix appartiennent à Maria Scutti et l'athlète est surnommée « *la donna d'oro* » par la presse italienne, conquise et impressionnée par sa grande capacité à passer d'un sport à l'autre.

Une revanche pour la jeune femme qui a perdu l'usage de ses jambes à 29 ans dans un accident de moto, seulement trois ans avant les Jeux.

Dans son centre de rééducation situé au cœur de la belle ville d'Ostie, elle découvre la résilience par le sport et décide d'écrire l'histoire d'une nouvelle vie. En fauteuil roulant, elle apprend à ne se poser aucune limite. Quand l'annonce de la création de Jeux paralympiques arrive à ses oreilles, elle n'hésite pas. Dans son pays, en plus ! La motivation est toute trouvée. Maria Scutti s'entraîne comme une forcenée et prévient : elle ne veut pas se cantonner à une seule discipline. Choisir, c'est renoncer.

Totalement décomplexée, l'Italienne est un véritable modèle pour toutes les femmes souffrant d'un handicap. Oui, on peut être en fauteuil et monter dix fois sur la plus haute marche du podium.

Citons également l'Américaine Trischa Zorn, l'athlète la plus titrée de l'histoire des Jeux paralympiques d'été, avec 55 médailles. Présente lors de sept éditions, la nageuse, aveugle de naissance, remporte douze médailles à Séoul en 1988, devenant, comme Maria Scutti, une référence de l'olympisme.

Maria Scutti s'entraîne comme une forcenée et prévient : elle ne veut pas se cantonner à une seule discipline. Choisir, c'est renoncer.

Zhang Shan

CHINOISE – NÉE EN **1968** (NANCHONG)

Première femme à remporter une épreuve de tir mixte aux Jeux olympiques

Aux Jeux olympiques de Barcelone, en 1992, 60 athlètes se présentent à l'épreuve de *skeet* mixte, une des disciplines du tir au fusil. Parmi eux, sept femmes. Et parmi ces sept femmes, Zhang Shan, une jeune Chinoise de 24 ans.

Dans le milieu assez confidentiel du tir, elle s'est fait connaître et a marqué les esprits, en 1989, en devenant championne du monde de *skeet*, en équipe et en individuel. À Barcelone, la dimension internationale des Jeux la révèle au monde entier. Car son parcours dans la compétition est quasiment parfait : au tour qualificatif, elle touche 150 cibles sur 150 ; en demi-finale, elle répète son sans-faute en atteignant les 200 cibles proposées. Ces résultats lui permettent d'arriver en finale avec une sacrée avance. Sous pression et fatiguée, elle manque quelques tirs ; cependant, ses concurrents ne la rattrapent pas au nombre de points. Zhang Shan est médaillée d'or et devient la première femme à remporter une épreuve de tir mixte aux Jeux olympiques. Au moment de monter sur le podium, la jeune femme, timide, est portée par les deux médaillés d'argent et de bronze, Juan Giha et Bruno Rossetti. Elle lève les bras, un sourire franc et candide sur le visage.

Malgré ce moment de convivialité et de cohésion mixte, l'Union internationale de tir décide, dans la foulée des JO de 1992, d'interdire l'épreuve aux femmes. La raison ? On ne la connaîtra jamais. Mais, dans le milieu, les choses sont assez claires : des femmes qui battent des hommes, ce n'est pas acceptable. Elles devront attendre 2000 et les Jeux olympiques de Sydney pour obtenir le droit de concourir de nouveau en skeet, cette fois dans une catégorie féminine.

Cette interdiction, qui suit directement son sacre olympique, a des conséquences sur la carrière de Zhang Shan : ne pas pouvoir participer aux compétitions l'éloigne petit à petit des terrains de tir. Elle reprend ses études et s'y consacre pleinement. Quand elle apprend qu'une épreuve féminine de skeet est organisée à Sydney, elle s'entraîne à nouveau et tente de retrouver son niveau de grande championne, celle qui terrassait tout et tout le monde sur son passage. Sans succès. En 2000, Zhang termine huitième. En 2004, elle n'arrive même pas à se qualifier pour les Jeux d'Athènes…

Pourtant, elle ne lâche rien. Le tir, sa passion, ne doit pas lui échapper. Elle refuse les conséquences de cette pause contrainte par des hommes qui n'aimaient pas sa domination. À force de persévérance, elle finit par atteindre sa puissance passée. En 2007, elle remporte le titre de championne du monde en équipe, tout comme en 2010, aux Jeux asiatiques. Récemment, elle gagne, à 49 ans, la médaille d'argent aux Jeux nationaux.

Elle le concède : elle n'envisage pas, désormais, d'arrêter le tir. Passionnée, brillante, Zhang Shan a subi de plein fouet le sexisme qui l'a arrêtée dans son ascension magnifique, alors qu'elle était au firmament. L'amour pour son sport a tout de même triomphé.

Dans le milieu, les choses sont assez claires : des femmes qui battent des hommes, ce n'est pas acceptable.

Pas d'inquiétude, je ne vise que les records !

Moi, je vois la vie en piste noire !
MS

Mikaela Shiffrin

AMÉRICAINE – NÉE EN **1995** (VAIL)

Skieuse la plus titrée de l'histoire

C'est la plus grande skieuse de tous les temps. Le 13 mars 2023, à Are, en Suède, Mikaela Shiffrin remporte sa quatre-vingt-septième victoire en Coupe du monde de ski alpin et devient la personne la plus titrée de l'histoire de sa discipline, hommes et femmes confondus, deux jours avant ses 28 ans.

Sur son casque depuis toujours, six lettres: « ABFTTB », pour « *Always be faster than the boys* » (« Va toujours plus vite que les garçons »). C'est cette phrase qu'écrit l'idole de son enfance, Heidi Voelker, ancienne skieuse américaine, lorsque la petite Mikaela lui demande de dédicacer son poster. Juste avant de le signer, Voelter ajoute: « *Dream big Mikaela* » (« Rêve grand Mikaela »).

Ce mantra, Shiffrin, native du Colorado, l'applique depuis sa première fois en compétition officielle en 2011, alors qu'elle n'a que 15 ans. Trois ans plus tard, aux Jeux olympiques de Sotchi, elle est, à 18 ans et 345 jours, la plus jeune médaillée olympique de l'histoire du slalom. Précoce, brillante, l'Américaine règne sans partage. En douze ans de carrière, elle en est à deux titres olympiques, cinq Gros Globes de cristal, sept titres de championne du monde et au moins une victoire en Coupe du monde dans chaque discipline de ski alpin: le slalom, le géant, le super G et la descente. C'est la seule à avoir réalisé cet exploit.

Grâce à son profil très polyvalent, elle s'adapte à différents types de parcours et d'épreuves, avec un niveau impressionnant à chaque fois. Sa présence est un événement. Shiffrin déplace les foules, rend fous les diffuseurs télé, obsède les sponsors et dépasse le cadre de son sport en étant une véritable star dont la vie privée est fouillée et commentée.

Car outre son immense talent, Mikaela Shiffrin touche le public par sa grande sincérité et sa personnalité si « normale ». Quand elle se blesse gravement en 2015, quand elle perd son père en 2020… l'Américaine s'ouvre, ne cache aucun état d'âme – ni aucune conviction. En 2023, elle fait partie des signataires qui demandent à la Fédération internationale de ski de redoubler d'efforts pour l'environnement. Quand Serena Williams pointe seulement à la soixante-deuxième place du classement Forbes des athlètes les mieux payés du monde – la première femme de la liste –, Shiffrin assène sur les réseaux sociaux: « C'est ridicule. » C'est sûrement en partie pour cela qu'elle figure parmi les personnalités les plus influentes établies par *Time* en 2023.

Alors quand on gagne tout, lamine les records, survole chaque descente, qu'est-ce qui motive encore ? Désormais, l'Américaine vise la barre symbolique des 100 victoires en Coupe du monde et peut espérer vivre encore au moins deux Jeux olympiques. L'histoire n'est pas près de se terminer…

Sur son casque depuis toujours, six lettres: « ABFTTB », pour « Always be faster than the boys » (« Va toujours plus vite que les garçons »).

Annika Sörenstam

SUÉDOISE – NÉE EN **1970** (BRO)

Golfeuse la plus titrée de l'histoire

Elle est sans conteste la meilleure golfeuse de l'ère moderne, une machine à frapper la petite balle et à gagner. Du milieu des années 1990 jusqu'à sa retraite sportive, en 2008, Annika Sörenstam domine son sport comme peu l'ont fait avant elle. Et personne depuis.

Elle a ainsi cumulé 90 victoires dans les plus importantes compétitions, notamment dix tournois majeurs. Et la Suédoise a commencé très jeune. Celle qui a grandi près de Stockholm s'exile dès ses 20 ans aux États-Unis pour combiner études et pratique intensive du golf. Et ça marche : elle devient, en 1991, la première joueuse non américaine à s'adjuger le titre universitaire.

Un an plus tard, Sörenstam passe professionnelle ; un an de plus et elle intègre le célèbre circuit LPGA – pour « Ladies Professional Golf Association » –, le meilleur Championnat du monde, avec les meilleures joueuses. Et elle est élue meilleure débutante de l'année. Passé ce cap, les succès s'enchaînent, sans pause. Dès 2000, elle est la première femme non américaine à entrer dans le Hall of Fame du golf, « le temple de la renommée » ! En 2001, la première à dépasser la barre des deux millions de dollars de gains sur une seule saison, et la première à réaliser un score de 59 en tournoi, une véritable prouesse. Elle est aussi la première à remporter le titre de « meilleure joueuse de l'année » à huit reprises. Enfin, Annika Sörenstam, seule femme de l'histoire à compter au moins une victoire dans les cinq Majeurs, est également la première, depuis Babe Zaharias, en 1945, à participer à un tournoi du circuit américain masculin.

En 2003, elle est invitée au Colonial Club, au Texas. L'accueil des golfeurs est glacial : de nombreux joueurs critiquent ce choix et le Fidjien Vijay Singh va jusqu'à dire que si le tirage au sort lui impose de jouer contre elle, il préfère partir – avant de s'excuser, tout en précisant qu'il n'imagine pas perdre contre une femme ! Sörenstam échoue de peu à passer le *cut*, c'est-à-dire à se qualifier au-delà des deux premiers tours, ce qui évite à ses camarades de se sentir trop humiliés. En 2023, soit quinze ans après l'arrêt de sa carrière, elle est nommée membre de l'Augusta National Golf Club, le plus prestigieux club au monde. Elle est seulement la septième femme intronisée, les joueuses n'y étant pas admises avant… 2012.

Annika Sörenstam a pourtant beaucoup œuvré pour son sport depuis sa retraite sportive : en tant qu'ambassadrice mondiale, puis présidente de la Fédération internationale depuis 2020, elle a joué un rôle crucial dans le retour du golf aux Jeux olympiques, effectif depuis 2016.

> *L'accueil des golfeurs est glacial : le Fidjien Vijay Singh va jusqu'à dire que si le tirage au sort lui impose de jouer contre elle, il préfère partir – avant de s'excuser, tout en précisant qu'il n'imagine pas perdre contre une femme !*

Je suis la queen du green !

Des 360 degrés 24 heures sur 24 !
skateboard for ever

Elissa Steamer

AMÉRICAINE — NÉE EN **1975** (FORT MYERS)

Première skateuse professionnelle

Elle est considérée comme une légende vivante de son sport ! Quand Elissa Steamer naît en Floride, en 1975, les premières compétitions de skateboard ont lieu depuis seulement dix ans. En 1964, Patti McGee est la première championne nationale américaine. Puis, dans les années 1970, on surnomme Ellen O'Neal « *godmother of skateboarding* », littéralement « la marraine du skate », elle qui en a popularisé la pratique. Toutefois, Steamer est la première à ouvrir le skate féminin à une autre dimension, plus spectaculaire et professionnelle.

Tout commence par une passion rapidement dévorante pour le skate, découvert quand elle a 14 ans grâce à son père qui lui offre sa première planche à roulettes. Elissa Steamer aime plus que tout réaliser des figures et en tenter de nouvelles. Elle est la seule fille dans le *skate park* où elle s'entraîne et se fait rapidement une réputation : elle est agressive et courageuse sur la planche.

À 18 ans, elle quitte la Floride pour rejoindre l'eldorado du skateboard, là où ce sport est né : la Californie ! Repérée dans les compétitions locales, elle est vite sponsorisée par une marque emblématique de la culture skate, Toy Machine, et devient, en 1995, la première skateuse professionnelle de l'histoire. De 1998 à 2008, elle domine sa discipline en enchaînant les premières et deuxièmes places des grandes rencontres internationales, à commencer par les X Games, la fameuse compétition de sports extrêmes, qu'elle est la première femme à remporter. Une véritable star !

Dès 1998, elle est la première femme à apparaître dans le jeu vidéo du légendaire skateur Tony Hawk : une consécration, à seulement 23 ans. Elle est également la première à avoir ses propres chaussures dessinées par une grande marque, les « Elissa ». Pendant les années 1990 et au début des années 2000, elle repousse les limites du skateboard pratiqué par les femmes, avec notamment une « figure signature » : le *backside* 180, c'est-à-dire un saut de 180 degrés dans les airs avec sa planche.

Honneur suprême : en 2015, Elissa Steamer est intronisée au Hall of Fame du skateboard. Sa persévérance dans un milieu très masculin, qui ne l'a pas épargnée de critiques sexistes, fait d'elle un modèle pour toutes. Elle lutte toujours pour l'égalité dans le sport et travaille avec plusieurs associations pour encourager les jeunes et moins jeunes femmes à s'émanciper par le skate.

> **Elle est la seule fille dans le skate park où elle s'entraîne et se fait rapidement une réputation : elle est agressive et courageuse sur la planche.**

Claire Supiot

FRANÇAISE – NÉE EN **1968** (ANGERS)

Première nageuse à participer aux Jeux olympiques et paralympiques

Elle est l'incarnation de la résilience, portée par une incroyable passion pour son sport – la natation – tout au long de ses deux carrières au plus haut niveau, comme valide puis comme invalide. Claire Supiot a seulement 55 ans mais a déjà connu plusieurs vies de championne.

Dans la première, elle était une jeune nageuse de l'équipe de France. Son parcours, dans les années 1980, est ponctué par de nombreux titres de championne de France, une fois sur 100 mètres papillon, en 1984, et huit fois sur 200 mètres papillon ! En bleu, elle gagne deux médailles aux Jeux méditerranéens de 1987 et est sélectionnée pour les Jeux olympiques d'été de 1988. À seulement 20 ans, elle participe au 200 mètres papillon mais est éliminée dès les séries. Sa première carrière olympique s'arrête là – à l'époque, on vivait difficilement de la natation –, mais Claire Supiot ne s'éloigne pas des bassins puisqu'elle devient maître-nageuse.

Jusqu'à une chute, en 2008, comme une première alerte, puis le diagnostic : elle est atteinte de la maladie de Charcot-Marie-Tooth. Cette affection dégénérative, conduisant à une atrophie des muscles, la contraint de marcher avec une canne et de porter des chaussures thérapeutiques. C'est dans l'eau – comme une évidence – que Supiot retrouve sa liberté de mouvement. Elle reprend la natation en pratiquant d'abord l'aquagym avec une amie, puis la compétition, avec son frère comme entraîneur. Même s'il faut adapter les gestes au handicap, les sensations sont là, le talent aussi, et bientôt survient l'envie de vivre une nouvelle aventure olympique !

En 2016, elle réussit les minimas pour participer aux Jeux paralympiques de Rio, mais n'est finalement pas sélectionnée par le Comité paralympique et sportif français. Elle ne se décourage pas pour autant, continue l'entraînement et les efforts paient : en 2018, à 50 ans, elle remporte l'or sur 50 mètres nage libre aux Championnats d'Europe handisports, à Dublin. Puis, l'année suivante, deux médailles de bronze sur 50 et 100 mètres nage libre, à Londres, aux Championnats du monde.

En 2021, elle réalise son rêve et entre dans l'histoire en devenant la première nageuse – et la première Française, hommes et femmes confondus – à participer à des Jeux paralympiques après des Jeux olympiques ; à Tokyo, elle termine huitième du 100 mètres papillon dans sa catégorie de handicap. Et l'aventure n'est pas finie : Claire Supiot veut achever sa seconde carrière en 2024, aux Jeux de Paris !

> *C'est dans l'eau – comme une évidence – que Supiot retrouve sa liberté de mouvement.*

Je suis dans mon élément !

Une vraie « easy rideuse » !

Beryl Swain

ANGLAISE – **1936** (WALTHAMSTOW) - **2007** (EPPING)

Première motarde à participer à un Grand Prix

C'est l'histoire d'une carrière et d'un rêve brisés par les clichés d'une époque. Celle de Beryl Swain, championne de moto, qui n'aura jamais eu l'occasion de montrer tout son potentiel puisqu'on l'a autorisée à concourir au meilleur niveau, avec les hommes, avant de l'en priver arbitrairement.

Sa passion, c'est son mari Eddie qui la lui transmet. Elle l'épouse en 1958 et quitte son emploi de secrétaire pour devenir femme au foyer. Lui est propriétaire d'un atelier de réparation de voitures et de motos, dans le nord de Londres. Beryl donne régulièrement un coup de main à son époux, qui participe à quelques courses de deux-roues.

Elle prend plaisir à s'occuper des engins ; bientôt, elle s'essaye à la conduite. Plutôt original pour une femme, à la fin des années 1950 ! Eddie lui offre une première moto ; après le goût de la conduite vient celui de la vitesse, puis celui de la compétition. Elle participe à des courses au volant d'une 50 CC – une catégorie de motos légères très populaires à l'époque –, dans lesquelles son petit gabarit représente un avantage.

En 1962, c'est la consécration : Beryl Swain est la première femme de l'histoire à disputer une épreuve du Championnat du monde de moto en solo, et pas n'importe laquelle puisqu'il s'agit de la course très célèbre et très dangereuse se déroulant sur l'île de Man. Jusqu'ici, la place des femmes était sur le côté, dans les *side-cars*. Celle qui arbore toujours un magnifique sourire finit vingt-deuxième, un classement très honorable pour une première et un résultat unanimement salué !

Mais dès le lendemain, douche froide : la Fédération internationale décide de lui retirer sa licence. La raison invoquée : il faut désormais respecter la règle d'un poids minimum et peser plus de 60 kilos, sinon la compétition est bien trop dangereuse. L'année suivante, les femmes sont carrément interdites de course, et ce, afin d'éviter des accidents à celles qui seraient tentées d'imiter l'impétueuse Beryl et se mettre à la compétition. Il s'agit en fait, tout simplement, de bannir les femmes de ce sport d'hommes.

Beryl, 50 kilos, proteste, prend même du poids, mais elle ne pourra plus jamais participer à une course. Il faudra attendre plus de quinze ans pour qu'une femme soit de nouveau autorisée à concourir : Hilary Musson, en 1978.

> ***Après le goût de la conduite vient celui de la vitesse, puis celui de la compétition.***

Kathrine Switzer

AMÉRICAINE – NÉE EN **1947** (AMBERG, ALLEMAGNE)

Première femme à courir officiellement un marathon

Au chapitre des rebelles, Kathy Switzer a une place pour l'éternité. En avril 1967, elle est sur la ligne de départ du marathon de Boston – à une époque où les femmes sont considérées par les décideurs (masculins évidemment) comme absolument inaptes à courir de longues distances. Mais, du haut de ses 20 ans, Kathrine Switzer se fiche pas mal des convenances de son temps.

À l'université de Syracuse aux États-Unis, où elle étudie le journalisme, elle s'entraîne avec les garçons car il n'existe pas d'équipe féminine. En 1966, elle regarde avec une immense admiration Roberta Gibb, habillée en garçon et cachée dans un buisson jusqu'au départ, participer au marathon de Boston : après qu'elle a essayé de s'inscrire officiellement et que son dossard lui a été refusé, « Bobbi » Gibb s'obstine. Quand ses concurrents se rendent compte de la présence d'une femme, ils l'enveloppent de bienveillance en la protégeant, en l'entourant pour faire obstacle au regard impitoyable et injuste des commissaires de course. Petit à petit, la foule dans les rues prend également conscience de sa présence et se met à l'acclamer avec enthousiasme.

3 heures et 21 minutes plus tard (excusez du peu), Gibb franchit la ligne et entre dans l'histoire. Surtout, elle prouve que les femmes peuvent courir des distances longues, et ce, avec des temps proches de ceux des hommes. De quoi créer des vocations.

L'année suivante donc, Kathrine Switzer l'imite mais avec un dossard officiel : le 261. Très maligne, elle a rusé lors de son inscription en ne donnant que ses initiales. Elle est ainsi la première femme à courir un marathon en étant inscrite officiellement sur les tablettes. Elle prend le départ, coquette, maquillée, aux côtés de son petit ami Tom, champion du lancer de marteau. Cela n'empêchera pas l'un des directeurs de la compétition de s'en prendre à elle à plusieurs reprises pendant la course de 42 kilomètres, lui intimant l'ordre de quitter immédiatement le marathon. « Il criait "mais c'est une femme, c'est une femme" et essayait de m'attraper, mais mon petit ami m'a protégée et j'ai pu continuer de courir », racontera Kathy quelques années plus tard.

Disqualifiée de la course et suspendue par la Fédération international d'athlétisme, elle devient une voix et une icône de la lutte pour l'égalité des sexes. Grâce à son combat, le marathon de Boston s'ouvre aux femmes en 1972, un an après celui de New York. En revanche, il faudra attendre 1984 et les JO de Los Angeles pour que le premier marathon olympique féminin ait lieu.

Devenue journaliste et commentatrice de sport, Kathrine Switzer continue de courir. En 2017, à 70 ans, elle participe au marathon de Boston pour la neuvième fois de sa vie, avec, comme un symbole, le dossard 261 étiqueté au maillot. En 2011, elle a été intronisée au National Women's Hall of Fame, aux États-Unis, pour l'ensemble de son parcours si inspirant.

Cela n'empêchera pas l'un des directeurs de la compétition de s'en prendre à elle à plusieurs reprises pendant la course de 42 kilomètres, lui intimant l'ordre de quitter immédiatement le marathon.

Le parcours vers l'égalité est un peu plus long que 42,195 km !
ks

Rien de tel pour briser la glace !

Madge Syers

ANGLAISE — **1881** (KENSINGTON) - **1917** (WEYBRIDGE)

Première patineuse à participer à des Championnats du monde

Elle doit sa carrière à sa malice, son culot et… l'ambiguïté d'une règle sportive. Florence Madeleine Syers a 21 ans quand ont lieu, en 1902, les Championnats du monde de patinage artistique, chez elle, à Londres.

Elle rêve d'y participer, mais jusqu'ici, aucune femme ne n'est jamais présentée. « Madge » va alors creuser, se plonger dans les règlements et découvrir que la participation exclusivement masculine à la compétition constitue un accord tacite plus qu'une règle établie et officielle. Il n'est écrit nulle part que les femmes n'ont pas le droit de s'inscrire ; il s'agit juste d'un acquis de l'époque, comme une évidence qui n'a pas besoin d'être précisée dans les textes. Ni une ni deux, Madge Syers file déposer sa candidature.

Sur la glace, en jupe longue, elle patine le regard droit et fier devant un jury conquis – mais gêné. Une femme, sur la glace, cela ne se fait pas vraiment. Elle ne termine que deuxième. Le vainqueur suédois, Ulrich Salchow, admet lui-même qu'elle aurait dû gagner. La barrière du sexisme ne se franchit pas sans résistance… À la suite de ces Championnats, la Fédération internationale de patinage interdit aux femmes de concourir contre les hommes au prétexte que leur jupe longue empêche le jury de bien voir leurs pieds.

Encore une fois, Madge Syers va jouer avec la règle et danser avec les nerfs des décideurs. Sa jupe longue les gêne ? Eh bien, la voilà en jupe à mi-mollet – ce qui est considéré comme très court à l'époque ! Têtue pour la bonne cause, la Britannique bouscule les codes et permet aux femmes d'exister dans les compétitions officielles de patinage artistique.

En 1903 et 1904, elle remporte les Championnats de Grande-Bretagne, enfin ouverts aux femmes qui ont une catégorie à elles. En 1906 et 1907, elle est championne du monde, et en 1908, championne olympique alors que la discipline apparaît pour la première fois aux Jeux. Avec ce palmarès remarquable et inspirant, Madge Syers ouvre la voie.

La vie de cette femme, issue d'une famille de quinze enfants, ne se raconte pas sans mentionner sa magnifique histoire d'amour avec son mari Edgar, qu'elle rencontre à 18 ans au Prince's Skating Club de Londres. Alors qu'il participe, à l'époque, à toutes les compétitions, c'est lui qui l'encourage à s'imposer dans ce milieu d'hommes, quitte à en faire une concurrente féroce et à perdre face à elle. Elle décroche avec lui la médaille de bronze aux Jeux de 1908, dans la catégorie « couple ». Edgar et Madge forment un duo mythique jusqu'à ce que la mort les sépare : à 35 ans, Madge décède des suites de problèmes cardiaques. Edgar ne s'en remettra jamais et fera vivre son souvenir jusqu'à ce qu'il la rejoigne, vingt-neuf ans plus tard.

> ***Il n'est écrit nulle part que les femmes n'ont pas le droit de s'inscrire ; il s'agit juste d'un acquis de l'époque, comme une évidence qui n'a pas besoin d'être précisée dans les textes.***

Junko Tabei

JAPONAISE – **1939** (MIHARU) - **2016** (KAWAGOE)

Première femme à atteindre le sommet de l'Everest

Elle visait le « toit du monde » et restera pour toujours celle qui a ouvert la voie ! Rien ne prédestinait pourtant la Japonaise à être la première alpiniste de l'histoire à gravir le mont Everest, le plus haut du monde, en 1975.

Loin de là même, quand Junko Tabei – qui s'appelle alors Junko Ishibashi – naît en 1939 dans une petite ville de la région de Fukushima, au Japon, et grandit dans une famille modeste de sept enfants. À l'occasion d'un voyage scolaire au mont Asahi, la petite fille se prend de passion pour la montagne et devient, au fil des années, férue d'alpinisme.

Elle gravit quelques sommets dès le lycée, puis s'inscrit dans des clubs d'alpinisme fréquentés quasi uniquement par des hommes. Elle y fait la connaissance de son futur mari, mais se confronte aux réactions hostiles de certains qui ne veulent tout simplement pas grimper avec elle ! Cela n'arrête pas la jeune femme : en 1969, elle fonde son propre club réservé aux femmes, le Ladies Climbing Club, premier du genre au Japon.

Son groupe d'alpinistes est ambitieux, mais il faut trouver de l'argent pour financer les expéditions, et on mise peu sur les femmes à l'époque. En 1970, elles réussissent à atteindre l'Annapurna III par une voie inédite. Ce succès initial en engendre beaucoup d'autres, notamment le plus prestigieux d'entre eux, soutenu par un journal et une chaîne de télévision qui décident d'organiser une expédition entièrement féminine vers le sommet de l'Everest. Junko Tabei fait partie des quinze femmes sélectionnées pour ce projet très critiqué. Elle s'entendra alors dire qu'elle ferait mieux d'élever ses enfants.

En ce début d'année 1975, l'ascension est épouvantable… Une nuit, l'expédition est victime d'une terrible avalanche qui emporte le camp, dont la tente de Junko, ensevelie sous la neige. Elle est sauvée – comme tous les autres, heureusement – par les sherpas qui accompagnent l'expédition, et l'ascension reprend. Jusqu'au graal, au toit du monde où, vingt-deux ans après sir Edmund Hillary et Tensing Norgay, Tabei devient la première femme à atteindre le sommet de l'Everest, le 16 mai 1975, aux côtés d'Ang Tsering Sherpa. Elle a alors 35 ans et vient d'entrer dans la légende de l'alpinisme.

Après cette réussite historique, Tabei connaît une notoriété soudaine et va continuer sa vie d'aventurière et de pionnière. En 1992, elle est la première femme à conquérir les sept sommets les plus élevés de sept régions du monde : outre l'Everest en Asie, l'Aconcagua en Amérique du Sud, le mont McKinley en Amérique du Nord, le Kilimandjaro en Afrique, l'Elbrouz en Europe, le massif Vinson en Antarctique et le mont Kosciuszko en Australie.

Petit bout de femme d'1,52 mètre, celle qui a brisé un certain nombre de stéréotypes est non seulement un exemple de courage et de détermination, mais aussi une alpiniste engagée qui œuvrera jusqu'au bout pour la protection de l'environnement dans les zones montagneuses. Elle s'est beaucoup attelée au problème des déchets dans l'Himalaya, notamment en ce qui concerne l'enlèvement du matériel d'escalade abandonné. Elle a été aussi très critique envers la surfréquentation de l'Everest, un combat toujours d'actualité, alors que près d'un millier d'alpinistes s'élancent désormais chaque année en direction du toit du monde.

« Un journal et une chaîne de télévision décident d'organiser une expédition entièrement féminine vers le sommet de l'Everest. Junko Tabei fait partie des quinze femmes sélectionnées. »

Sayonara les records uniquement masculins !

Au tapis les préjugés !
KATIE

Katie Taylor

IRLANDAISE – NÉE EN **1986** (BRAY)

Première championne olympique de boxe en poids légers

S'il y a bien un sport qui s'avérait la chasse gardée des hommes, c'est la boxe ! Considérée comme dangereuse pour les femmes, cette pratique leur a été longtemps interdite et la boxe féminine n'est entrée au programme des Jeux olympiques qu'en… 2012, cent huit ans après les hommes !

Parmi celles qui se sont battues pour aller boxer aux JO : une pionnière irlandaise, Katie Taylor. Née en 1986, elle débute le « noble art » initiée par son père, ancien champion, qui a ouvert le premier club de leur ville de la côte est irlandaise. Il y entraîne ses deux fils, mais la jeune Katie veut boxer elle aussi. Si s'entraîner est autorisé, combattre est encore interdit aux femmes à la fin des années 1990 en Irlande, comme dans de nombreux pays. Cependant, l'envie est trop forte et il faut donc ruser : on l'enregistre sous le nom de « K. Taylor » pour participer aux tournois organisés par le paternel, soutenu par madame Taylor, première juge femme de boxe anglaise irlandaise. La famille milite pour la boxe féminine et, le 31 octobre 2001, tous ses efforts sont récompensés : à seulement 15 ans, l'adolescente participe au premier combat féminin officiel en Irlande, au stade national de Dublin.

Un combat qu'elle gagne et qui lance son immense parcours amateur : en 2005, elle décroche le premier de ses six titres européens ; en 2006, le premier de ses cinq titres mondiaux. Elle participe aussi à des combats d'exhibition pour convaincre les membres du Comité international olympique que la boxe féminine doit faire son entrée aux JO ! Ce rêve se réalise en grande partie grâce à elle et à sa pugnacité : Londres accueille en 2012 le premier tournoi olympique de boxe féminine. Tête d'affiche de la discipline, Katie Taylor est aussi celle de la délégation irlandaise : devenue une véritable star dans son pays, elle est désignée porte-drapeau lors de la cérémonie d'ouverture. Comme une évidence, elle remporte, le 9 août 2012, la première médaille d'or de l'histoire de son sport.

Brillante chez les amateurs, elle devient professionnelle en 2017, après un échec lors des Jeux olympiques de Rio. Et c'est une magnifique réussite, jusqu'à unifier toutes les ceintures de championne du monde de sa catégorie : WBA, IBF, WBO et WBC. Le 30 avril 2022, elle est aussi à l'affiche du combat principal d'une grande soirée organisée au Madison Square Garden, à New York. Une rencontre féminine : c'est historique dans ce lieu mythique. Devant une salle pleine, l'Irlandaise bat l'Américaine Amanda Serrano aux points ; la voici championne WBO des poids super-légers.

Pionnière de la boxe, légende dans son pays, Katie Taylor a également été professionnelle en… football ! Elle a même été internationale irlandaise avant de faire le choix exclusif de la boxe. Un très bon choix !

> *La boxe féminine n'est entrée au programme des Jeux olympiques qu'en… 2012, cent huit ans après les hommes !*

Derartu Tulu

ÉTHIOPIENNE – NÉE EN **1972** (BEKOJI)

Première athlète africaine noire à devenir championne olympique

Quel destin que celui de Derartu Tulu ! Passée des hauts plateaux du centre de l'Éthiopie, où elle a grandi, au sommet de l'Olympe, où elle a tant brillé. Première Africaine noire à remporter un titre olympique, elle naît en 1972 dans le petit village de Bekoji, septième d'une famille de dix enfants, et passe sa jeunesse à élever du bétail. À courir, aussi ; la jeune fille de l'ethnie des Oromos se rend compte tôt qu'elle va vite, très vite. D'abord en s'imposant dans des courses scolaires, parfois aux dépens des garçons, puis au cours de ses premières compétitions. Dès ses 17 ans, elle participe aux Championnats du monde de cross-country en Norvège où, encore junior, elle affronte les seniors.

Elle est loin du podium, mais sa carrière internationale est lancée. Elle monte ensuite en puissance et remporte, aux Jeux olympiques de Barcelone, en 1992, à seulement 20 ans, le 10 000 mètres féminin. C'est historique, même si elle avouera que sur le moment, elle n'en avait pas conscience. Sa victoire constitue une première pour les femmes noires d'Afrique, et elle entre aussi dans l'histoire des Jeux grâce à une formidable image restée dans la mémoire collective : celle de Tulu effectuant son tour d'honneur victorieux main dans la main avec la médaillée d'argent sud-africaine, Elana Meyer, leurs drapeaux entremêlés, alors que l'apartheid touche à sa fin dans une Afrique du Sud bannie des Jeux olympiques depuis 1964. L'image de ces deux championnes, l'une noire, l'autre blanche, fut un magnifique symbole d'espoir et de fraternité pour une Afrique nouvelle.

Consacrée icône après Barcelone, Tulu est la première femme, huit ans plus tard, aux Jeux de Sydney, à décrocher deux titres sur 10 000 mètres. Une course extraordinaire que toutes les concurrentes achèvent en battant le record olympique. Elle remporte encore une médaille de bronze olympique à Athènes, en 2004, et devient, en 2009, la première Éthiopienne à gagner le marathon de New York, à 37 ans, après avoir mis au monde deux enfants. Championne remarquable, celle qui a également gagné un titre mondial et trois titres de championne du monde de cross-country a recueilli et adopté quatre autres enfants, tout en étant engagée en faveur des personnes défavorisées.

L'image de ces deux championnes, l'une noire, l'autre blanche, fut un magnifique symbole d'espoir et de fraternité pour une Afrique nouvelle.

Pour l'Afrique, hip, hip, hip...

Une carrière tout-terrain !

Annemiek Van Vleuten

NÉERLANDAISE – NÉE EN **1982** (VLEUTEN)

Première femme à gagner le Tour de France féminin

Le 31 juillet 2022 est une date importante dans l'histoire du vélo. Ce jour-là, la huitième et dernière étape du Tour de France féminin se termine à la Super planche des Belles Filles, sommet des Vosges bien connu de la Grande Boucle.

Enfin, les femmes ont droit à un Tour de France, un vrai, après plusieurs tentatives ratées ! En ce 31 juillet, Annemiek Van Vleuten devient la première femme à le remporter. Une suite logique pour la Néerlandaise, ultra-favorite et victorieuse du Tour d'Italie quelques semaines plus tôt. À 39 ans, Van Vleuten a écrasé la concurrence et se retrouve au sommet.

Pourtant, elle n'a fait le coup de la vocation à personne. Elle, ce qui l'intéresse au début, c'est le football. Mais vers 17 ans, elle doit s'arrêter à cause de nombreuses blessures au genou. Annemiek commence alors des études supérieures d'épidémiologiste et s'y consacre, mais le sport lui manque ; elle s'achète un vélo, prend une licence dans un club et démarre son histoire d'amour sur deux roues. Très vite, la jeune cycliste éclabousse les routes de son talent. Championne universitaire, victorieuse d'étape dans des courses féminines prestigieuses, elle remporte la Coupe du monde en 2011. Dès lors, Van Vleuten enchaîne les titres, devient une véritable référence et la tête d'affiche du cyclisme féminin.

C'est avec ce statut qu'elle débarque aux Jeux olympiques de Rio en 2016, pour la course en ligne. La Néerlandaise prend le départ et rivalise avec ses concurrentes habituelles : Anna van der Breggen, Elisa Longo Borghini et Mara Abbott. Elle finit par se retrouver au coude-à-coude avec la dernière, au sommet de la Vista Chinesa, et amorce la descente avec détermination et confiance ; Abbott, elle, décide de jouer la carte de la prudence. Devant, Van Vleuten semble filer à toute vitesse vers l'or jusqu'à ce qu'elle parte en travers dans un virage, perde totalement le contrôle de son vélo, passe par-dessus et chute lourdement sur la bordure en béton. Les images font froid dans le dos… La jeune femme ne se relève pas et reste inanimée plusieurs minutes. Le temps est suspendu ; les spectateurs, inquiets, doivent attendre une petite heure avant que la Fédération néerlandaise communique enfin sur l'état de santé de sa cycliste : elle est dans l'ambulance, consciente mais commotionnée, en route vers l'hôpital.

Après vingt-quatre heures en unité de soins intensifs, Annemiek Van Vleuten donne des nouvelles rassurantes : « Je suis à présent à l'hôpital avec plusieurs blessures et fractures, mais ça va aller. Je suis surtout très déçue après la plus belle course de ma carrière. » Le sport avant tout, comme toujours.

Elle se rattrape aux JO de Tokyo, en 2021, en prenant l'or au contre-la-montre. Puis enchaîne avec cette fameuse et folle année 2022, où elle s'offre le triplé Tour d'Italie, Tour de France et Tour d'Espagne, en plus d'un titre mondial ! Après 90 victoires en quinze années de carrière, Annemiek Van Vleuten prend sa retraite, bien méritée, fin 2023.

> *Le sport lui manque ; elle s'achète un vélo, prend une licence dans un club et démarre son histoire d'amour sur deux roues.*

Stella Walsh

POLONAISE-AMÉRICAINE – **1911** (WIERZCHOWNIA) - **1980** (CLEVELAND)

Première championne olympique intersexe

C'est l'une des plus folles histoires des Jeux olympiques… commencée en 1911, quand Stanisława Walasiewicz naît en Pologne. Surnommée Stasia par ses parents, elle grandit à Cleveland, dans l'Ohio, sa famille ayant immigré aux États-Unis et pris à cette occasion le nom de Walsh pour mieux s'intégrer. Celle qui se fera bientôt appeler Stella devient rapidement une véritable petite vedette d'athlétisme, et bat son premier record du monde alors qu'elle n'a que 19 ans, sur 100 yards (environ 91 mètres). Elle bat aussi les records du 200 yards et du saut en longueur ! Elle brille non seulement en athlétisme, mais également au basket et au softball, sorte de base-ball pratiqué autant par les hommes que par les femmes.

Les Jeux olympiques de Los Angeles se profilent, en 1932, et Walsh prend une décision primordiale : elle choisit de concourir non pas pour son pays d'adoption, mais pour son pays natal, qui lui offre un emploi au consulat polonais de New York tandis qu'elle peine, faute de moyens suffisants, dans un pays en pleine dépression, à préparer l'échéance à venir. Une haute trahison pour certains ! Elle attendra 1947 pour obtenir sa citoyenneté américaine…

Avant cela, Walsh concourt finalement à Los Angeles, sous le nom de Stanisława Walasiewicz, et remporte la médaille d'or sur 100 mètres, avec un record du monde égalé à la clef ! Une première médaille olympique, ainsi que les premiers soupçons : on dit que ses longues foulées sont celles d'un homme. Son physique atypique interroge. Mais elle devient très populaire en Pologne, reçoit la Croix d'or du Mérite pour services exceptionnels rendus au pays, et sa brillante carrière d'athlète se poursuit. Notamment aux JO suivants, à Berlin, où elle gagne cette fois l'argent sur 100 mètres, toujours sous la bannière polonaise. Entre-temps, en 1935, elle a battu le record du monde du 200 mètres en 23,6 secondes, record qui tiendra jusqu'en 1952 – le plus long record féminin en athlétisme. En 1938, à Vienne, elle est la première championne d'Europe de l'histoire sur les 100 et 200 mètres.

Pendant et après la Seconde Guerre mondiale, Walasiewicz s'établit définitivement aux États-Unis et décroche encore de nombreux titres nationaux, sur 100 et 200 mètres, ainsi qu'en lancer de disque et en saut en longueur. Elle remporte son dernier titre en 1951, à l'âge de 40 ans.

Mais elle ne participera plus jamais aux Jeux olympiques, étant désormais officiellement américaine. À l'époque, le règlement prévoyait qu'on ne pouvait participer aux Jeux sous les couleurs de deux pays différents. Pas de quoi ternir trente ans de carrière, 18 records du monde et une cinquantaine de titres nationaux et internationaux. Preuve de sa notoriété, elle est intronisée au Hall of Fame (« temple de la renommée ») de l'athlétisme en 1975.

Elle s'occupe de diverses associations sportives polonaises outre-Atlantique, jusqu'au drame : le 4 décembre 1980, à Cleveland, Stella Walsh va acheter quelques souvenirs pour accueillir l'équipe féminine de basket de Pologne. Elle est victime d'une tentative de vol dans un parking et meurt d'une balle perdue alors qu'elle tente de se défendre. Une autopsie est pratiquée et révèle que Walsh était « intersexe », c'est-à-dire qu'elle présentait des caractéristiques sexuelles ne correspondant pas aux définitions types des corps féminins ou masculins, une variation chromosomique. L'information est rendue publique, mais le Comité international olympique choisit, en toute logique, de ne pas retirer ses médailles à celle qui devient alors la première championne olympique intersexe.

> ***Elle choisit de concourir non pas pour son pays d'adoption, mais pour son pays natal… Une haute trahison pour certains !***

Le plus important, c'est le sport !

T'es hockey, t'es bath, t'es in!

Hayley Wickenheiser

CANADIENNE – NÉE EN **1978** (SHAUNAVON)

Première hockeyeuse à marquer dans une ligue professionnelle masculine

Soixante-huit ans ! C'est le temps qu'il aura fallu, jusqu'aux Jeux de Nagano, en 1998, pour que les femmes puissent se disputer des médailles olympiques en hockey sur glace, au programme chez les hommes dès l'édition 1920 des Jeux d'hiver. Vêtues de jupes longues – mœurs de l'époque obligent –, elles jouaient pourtant sur la glace depuis la fin du XIXe siècle, surtout au Canada où, en 1900, apparut la première Ligue féminine. Née en 1978, Hayley Wickenheiser est l'héritière de ces pionnières canadiennes. Elle commence à pratiquer le hockey à l'âge de 5 ans, sur une patinoire aménagée par son père derrière leur maison. Il n'y a pas assez de filles pour jouer en club ? Qu'importe : elle s'aguerrit avec les garçons pendant toutes ses années de formation et devient une véritable machine à marquer.

En 1994, à 15 ans et 4 mois, elle est la plus jeune joueuse à représenter le Canada dans une compétition internationale, aux Championnats du monde de Lake Placid. Et elle reste en équipe nationale jusqu'à sa retraite, en... 2017, soit vingt-trois ans de présence au plus haut niveau. Bilan : sept médailles d'or en treize Championnats du monde. Et cinq Jeux olympiques, pour une médaille d'argent lors de la première édition ouverte aux femmes, en 1998, puis quatre médailles d'or à Salt Lake City en 2002, à Turin en 2006, à Vancouver en 2010 et à Sotchi en 2014. Wickenheiser appartient au cercle très restreint, avec ses coéquipières Jayna Hefford et Caroline Ouellette, des cinq athlètes ayant remporté quatre médailles d'or olympiques consécutives. Comme si cela ne suffisait pas, elle est la deuxième athlète féminine canadienne à avoir participé à la fois aux Jeux d'hiver et aux Jeux d'été. À Sydney, en 2000, elle fait partie de l'équipe nationale de softball, sorte de base-ball pratiqué autant par les femmes que par les hommes.

Encore un exploit à signaler en hockey ? La Canadienne est la toute première femme à marquer un but dans une ligue professionnelle masculine ! En janvier 2003, elle s'engage avec le club du Salamat de Kirkkonummi, en deuxième division finlandaise, et inscrit trois buts et seize passes décisives en 40 matchs. Elle est d'ailleurs la première attaquante à avoir une carrière sportive professionnelle – après plusieurs gardiennes de but –, dans une discipline où les femmes jouent en grande majorité avec un statut amateur.

Hayley Wickenheiser prend sa retraite sportive en 2017. Meilleure marqueuse de l'histoire de son pays, avec 168 buts et 211 passes décisives en 276 matchs internationaux, elle caracole en tête des tournois olympiques masculins et féminins, avec 18 buts et 51 points. Depuis 2022, elle est l'une des premières femmes à occuper un poste à la direction d'un club professionnel, les Maple Leafs de Toronto, dans la Ligue masculine nord-américaine.

> *Elle s'aguerrit avec les garçons pendant toutes ses années de formation et devient une véritable machine à marquer.*

Serena Williams

AMÉRICAINE – NÉE EN **1981** (SAGINAW)

Joueuse de tennis ayant remporté le plus de Grand Chelem

Le débat est lancé très régulièrement : Serena Williams est-elle la plus grande sportive de tous les temps ? La joueuse de tennis américaine a marqué l'histoire du tennis et, plus globalement, celle du sport. Pendant près de vingt ans, elle a tout raflé, écrasé la concurrence, cassé les codes et fait basculer le tennis féminin dans la modernité.

Après 23 titres du Grand Chelem remportés en vingt ans de carrière – un record –, elle range définitivement sa raquette et quitte les courts le 3 septembre 2022, chez elle, à l'US Open. Ce jour-là, à New York, elle s'incline au terme d'un troisième tour anecdotique. À 41 ans, Serena Williams le sait : ce dernier tournoi ne constitue pas un objectif de performance mais surtout une façon de dire au revoir à son public. Dans sa robe noire à paillettes dessinée par son sponsor pour l'occasion, elle prend le micro et se tourne vers son clan, dans les tribunes, remercie son père, sa mère et sa sœur Venus, qui est « la seule raison de l'existence de Serena Williams ».

Car l'histoire de cette exceptionnelle championne est une histoire de famille, adaptée d'ailleurs au cinéma en 2021 à travers le film *La Méthode Williams* ; il revient sur cette année 1978 pendant laquelle Richard Williams, devant sa télévision, assiste à la victoire de Virginia Ruzici à Roland-Garros. Une phrase prononcée par le commentateur attire son attention : « La gagnante remporte un chèque de 40 000 dollars. »

C'est décidé : ses enfants feront du tennis. Sans aucune formation ni même goût pour ce sport, il attend que Venus, née en 1980, et Serena, de quinze mois sa cadette, soient en âge de tenir une raquette pour devenir leur coach. Très vite, les deux sœurs passent des heures et des heures à s'entraîner avec le minimum de matériel et chaque dollar gagné par la famille est investi pour elles. L'attention médiatique se porte assez rapidement sur ces deux prodiges. À 11 ans, Serena est interrogée par une journaliste à la télévision, qui lui demande qui est son idole. La jeune fille marque une pause, réfléchit et rétorque : « En fait, je n'ai pas d'idole, j'aimerais bien que les autres aient envie de devenir comme moi. »

Elle ne croit pas si bien dire. Quatre médailles d'or olympiques, trois victoires à Roland-Garros, sept à Wimbledon, sept à l'Open d'Australie et six à l'US Open : elle passe 319 semaines de sa carrière numéro un mondial. Elle crée ainsi un empire financier, avec une fortune estimée à 260 millions d'euros.

Très impliquée dans la lutte contre le racisme et les violences policières aux États-Unis, figure féministe, elle s'engage contre les inégalités salariales entre les hommes et les femmes, danse dans un clip puissant de la chanteuse Beyoncé, constitue un fonds d'investissement pour aider les entreprises créées par des femmes. Elle décide aussi d'avoir un enfant au milieu de sa carrière et revendique de ne pas choisir entre sa vie professionnelle et sa vie personnelle. Modèle ultime, elle est devenue ce que, petite, elle rêvait d'être : un exemple.

« En fait, je n'ai pas d'idole, j'aimerais bien que les autres aient envie de devenir comme moi. »

Une vraie soeur de la balle !

Quand j'ai commencé le ping-pong, j'étais haute comme trois balles !

Hend Zaza

SYRIENNE – NÉE EN **2009** (HAMA)

Plus jeune athlète à participer aux Jeux olympiques depuis 1992

Dans la chaleur estivale et étouffante de Tokyo, en juillet 2021, les athlètes olympiques arrivent petit à petit. Les Jeux se déroulent un an après avoir été reportés à cause du Covid. L'ambiance est particulière : les épreuves ont lieu à huis-clos ou avec des jauges limitées, les visages sont masqués, les mains ne se serrent pas.

Parmi les sportifs, qui proviennent du monde entier, une adolescente. Elle a 12 ans et 204 jours ; elle est donc la plus jeune athlète à participer à des Jeux olympiques depuis 1992 et la plus jeune pongiste de l'histoire olympique. Elle s'appelle Hend Zaza, elle est syrienne et la voilà au cœur d'un événement planétaire.

Son pays est en guerre. S'entraîner en sécurité et avec de l'électricité s'avère quasiment mission impossible. Et, souvent, il faut se contenter d'une vieille table posée sur un sol en béton traumatisant pour les articulations. Mais Hend est là. Elle a gagné sa place en se qualifiant lors d'un tournoi en Jordanie, en 2020, en battant une pongiste de 42 ans. Sa présence est si remarquable que la délégation syrienne – qui ne compte que dix athlètes, dont neuf hommes – la désigne comme porte-drapeau. Le 23 juillet 2021, lors de la cérémonie d'ouverture, elle entre dans le stade olympique de Tokyo, le drapeau syrien à bout de bras. L'émotion est aussi belle qu'intense. Les moments d'insouciance sont rares pour Hend : à un âge où la vie est douce, sans enjeux, elle représente un pays en guerre et incarne cette jeunesse qui subit la violence folle du conflit.

Le lendemain, Jiu Jia, 39 ans et six Jeux olympiques à son actif, lui fait face. La joueuse chinoise n'a pas beaucoup dormi car elle est perturbée : Zaza a quasiment l'âge de sa fille ! Elle réussit, malgré tout, à battre cette jeune adversaire en quatre sets et ne peut s'empêcher, à la fin du match, de la prendre dans ses bras. La défaite n'est pas amère pour la Syrienne. Elle le sait, elle a la vie devant elle, et elle a conscience du poids que son parcours semé d'embûches lui a mis sur les épaules. Dans ses échanges avec les journalistes, à l'issue de la rencontre, elle encourage les petites filles du monde entier à croire en leurs rêves malgré les difficultés.

Dans la foulée des Jeux olympiques, la Fédération chinoise de tennis de table l'invite à venir s'entraîner dans ses infrastructures, avec les meilleurs coachs de la discipline. Hend Zaza évolue désormais dans la sérénité d'un espace sûr et sans danger.

> *À un âge où la vie est douce, sans enjeux, elle représente un pays en guerre et incarne cette jeunesse qui subit la violence folle du conflit.*

Remerciements

Merci à Pierre et Anna-Rose, qui – grâce à leurs grasses matinées légendaires – m'ont permis d'écrire tranquillement.

Laurie

Merci à Vincent et Raphaël, mon monde.
À Danielle, ma mère, de m'avoir offert du temps.
À mon père, Alain, qui, je l'espère, lira ce livre sur son joli nuage.

Cécile

Pour une femme qui n'a pas fait de sport depuis la période où Lionel Jospin était éliminé au premier tour, il est assez cocasse d'avoir eu à passer autant de temps avec de si brillantes athlètes.

S'il y avait des muscles dans les doigts, tous ces traits de crayon auraient pu me laisser quelques courbatures.

Merci à mes coéquipières de rêve, Laurie et Cécile, pour ce derby en bichromie, et merci à nos coachs, Isabelle et Eva, pour leurs encouragements.
De parfaites *pom-pom women*.

Merci enfin à mon mari, qui a presque volontairement servi de *crash test* à toutes les bulles prononcées par ces championnes.

Louison

LE LABEL YLIGA

C'est une initiative portée par plusieurs maisons d'édition, qui souhaitent faire de ce label une marque de fabrique et de traçabilité d'ouvrages édités de façon la plus respectueuse possible de l'environnement.

On ne peut pas vous promettre le « zéro déchet » ou le « zéro pollution » mais on vous propose des ouvrages plus éco-responsables. Une nouvelle manière de lire le monde grâce à nous tous, éditeurs, auteurs, imprimeurs, distributeurs, libraires, lecteurs.

Parce que le livre doit servir la planète sans l'abîmer !

- Des livres qui traitent d'environnement, de bien-être, de « bien-manger », de conscience écologique, sociale et politique, des livres pour les adultes et pour les enfants, des livres qui donnent du sens en plaçant notre planète au cœur de notre quotidien, de notre réflexion.
- **Moins de papier :** des formats d'ouvrage choisis pour leur très faible gâche de matière.
- **Un papier certifié** aux normes environnementales FSC et PEFC (des écolabels garantissant une gestion durable des forêts).
- **Moins de produits chimiques :** utilisation d'encres végétales, absence de vernis et de pelliculage issu de la pétrochimie.
- **Pas de couverture cartonnée ni de film plastique** protégeant les ouvrages.
- **Impression simultanée** des couvertures d'ouvrages de même format.
- **Impression à moins de 1000 km** de nos entrepôts. Pas d'impression en Asie, pas de transport aérien.
- **Des process repensés :** suppression des tirages papier pour contrôler les étapes de fabrication avec le photograveur et l'imprimeur, facturation 100 % numérique, diminution des services de presse papier, une communication essentiellement numérique.

* Yliga, pourquoi ce nom ? C'est le nom, en langue moré, d'un arbre aux vertus médicinales qui vit entre le Sahara et l'Afrique tropicale et qui, comme d'autres essences, a su s'épanouir dans des conditions environnementales difficiles. Il est, pour nous, un symbole de l'adaptation nécessaire et possible, de même qu'un exemple d'exploitation vertueuse des ressources naturelles.

YLIGA - ÉCO-RESPONSABLE -

MIXTE
Papier issu de
sources responsables
FSC® C007507

Conception graphique et mise en pages : Charlotte Merle
Relecture et corrections : Thérèse Voyau
Responsable éditoriale : Isabelle Dartois
Édition : Eva Levêque
Fabrication : Virginie Leroux et Carine Ruault
Photogravure : Chromostyle

Cet ouvrage a été achevé d'imprimer en janvier 2024
sur les presses de GraphyCems
Dépôt légal : février 2024
ISBN : 979-10-401-1578-6
Imprimé en Espagne